哈佛商学院
最受欢迎的营销课

DIFFERENT
Escaping The Competitive Herd

[美] 扬米 · 穆恩 (Youngme Moon)_ 著
王旭 _ 译

中信出版集团·北京

图书在版编目（CIP）数据

哈佛商学院最受欢迎的营销课 /（美）扬米·穆恩著；
王旭译．--2 版．-- 北京：中信出版社，2018.5（2025.9 重印）
书名原文：Different:Escaping the Competitive
Herd
ISBN 978-7-5086-8652-3

I. ①哈… II. ①扬… ②王… III. ①市场营销学
IV. ① F713.50

中国版本图书馆 CIP 数据核字（2018）第 034932 号

哈佛商学院最受欢迎的营销课

著　　者：［美］扬米·穆恩
译　　者：王　旭
出版发行：中信出版集团股份有限公司
（北京市朝阳区东三环北路 27 号嘉铭中心　邮编　100020）
承 印 者：北京通州皇家印刷厂

开　　本：880mm × 1230mm　1/32　　印　　张：7.5　　字　　数：150 千字
版　　次：2018 年 5 月第 2 版　　印　　次：2025 年 9 月第23次印刷
京权图字：01-2010-4093
书　　号：ISBN 978-7-5086-8652-3
定　　价：68.00 元

哈佛商学院最受欢迎的营销课

Different:
Escaping the Competitive Herd

目录
contents

目录
contents

推荐序

教育改变命运，我们改变教育

郑毓煌
清华大学博士生导师　营创学院院长

因为在清华大学经济管理学院任教和创办互联网商学院营创学院的原因，我经常获得一份特殊的“福利”：每当有商业类的新书问世，中信出版集团就经常会把新书寄给我，并邀请我提前阅读并为新书撰写推荐文字。然而，因为时间关系，我很少为图书写序。但这一次，我欣然应邀为“全球知名商学院经典课程系列”丛书写序，原因只有一个：我打心底希望，这套来自哈佛商学院和沃顿商学院这两家全球最著名商学院的优秀课程作品能够惠泽更多中国人，特别是中国的企业家、创业者和职场人士群体。

哈佛商学院和沃顿商学院无疑是全球最著名的两家商学院。经常有这么一个说法：哈佛大学是全美所有大学中的一顶王冠，而王冠上那璀璨夺目的明珠，就是哈佛商学院。建于 1908 年的哈佛商学院以案例教学法闻名全球，哈佛商学院的案例也被全球所有商学院广为使用。据统计，在美国 500 家最大公司里担任最高职位的经理中，有 1/5 毕业于哈佛商学院。

沃顿商学院是美国第一所大学商学院，创立于 1881 年，比哈佛商学院还早 27 年。自 1881 年创建之后，沃顿商学院创造了许多商学院历史上的第一：1881—1910 年沃顿商学院出版了第一本商业教科书；1921 年沃顿商学院设立了全球第一个 MBA 学位……甚至，由于沃顿商学院名声太大，很多中国人只知道沃顿商学院而不太熟悉其所在的大学“宾夕法尼亚大学”（美国常春藤八大名校之一）。

今天的中国太需要这两所全球顶级商学院的优秀课程和优秀著作了。为什么这么说呢?

首先，社会对商业知识和智慧的需求正在急剧扩大，迫切需要我们在浩瀚书海之中甄别真正优秀的商业著作。在今天的中国，创业大潮正如火如荼展开，然而，传统的顶尖商学院由于门槛太高，大多数中小企业家、创业者和职场人士往往不敢奢望能够进入哈佛商学院、沃顿商学院、清华经管学院、北大光华管理学院等国内外顶尖商学院进一步学习和深造。在这种情况下，很多中小企业家往往被一些质量差的培训机构忽悠和传销，前几年流行的成功学就是这样的一个例子：成百上千的企业家到了培训现场，发现却只是充满鸡血和洗脑的营销课程。即使是购买商业类书籍，很多中小企业家往往也被诸如《如何快速成交》《如何达成一个亿小目标》等耸人听闻的标题吸引。而随着智能手机和社交媒体的普及，大多数人的时间都花在微信上，都在“碎片化”、“标题化”地阅读各种阅读量十万以上的文章，却再也没有时间认真去读完一本真正的好书。而个人通过品读一本书得到的独特体验以及系统性思考是快餐式文化消费不可比拟的。

其次，培养良好的求知习惯须趁早，优秀的教育和书籍对每个人的成长至关重要。我自己就是一个“教育改变命运”的受益者。出生于福建农村的我，10 周岁之前由于在乡下小学读书，连普通话都不会说。真正帮我改变命运的，是我的母亲。为了给我带来更好的教育机会，母亲放弃了在乡镇企业里待遇较好的工作而调到“清水衙门”的县城图书馆，我才能转学到城里读书，并开始有机会大量阅读各种图书。也正因此，我才从一个玩泥巴的乡下小孩，慢慢变成一个爱学习爱读书的孩子，并在后来如愿考入全县最好的中学，考入清华大学和哥伦比亚大学。正因为有了这番经历，回到清华任教之后，我一直希望能够用所学帮助更多的人。

再次，“全球知名商学院经典课程系列”能让每个求知者通过阅读，机会平等地获得优质教育的机会。传统的知名商学院教育，由于学费高昂，门槛极高，只能惠及少数人。正是在这种背景下，在“教育改变命运，我们改变教育“的理想下，2017 年初我创办了营创学院和营创读书会，立志打造一所人人都上得起的哈佛商学院，全年推出 50 本商业著作的原创作者精华解读音视频，并在 2018 年初面向中小企业家和创业者们推出了“用 1% 的学费，上清华 + 北大 + 全球知名师资的线下 EMBA”项目，获得了社会的积极反馈。同样，中信出版集团这套书的付梓可以让千千万万的读者有机会抵达最前沿的商学院的通识课程精华，也将成为渴求学习顶尖商学院课程读者们的福音。因为，正是这些优秀商业著作的传播，才让更多人获得优秀的商业知识和智慧。

今天，中信出版集团即将出版的《沃顿商学院最受欢迎的谈判课》《沃顿商学院最受欢迎的思维课》《哈佛商学院最受欢迎的营销课》《哈佛商学院最受欢迎的领导课》这一系列丛书无疑是商业知识和智慧中的明珠。这四本书都源于哈佛商学院和沃顿商学院这两所全球知名商学院里最受学生欢迎的课程，图书的作者也都是哈佛商学院和沃顿商学院里在营销、领导力、谈判、思维等各商业和心理学领域的资深教授。我相信，这一系列丛书不仅会带给读者优秀的商业知识和智慧，更会将看起来遥不可及的知名商学院教育带给成千上万的读者。而这，也正是中信出版集团、营创学院和我本人一直努力的共同目标。

郑毓煌

2018 年 3 月 12 日

自序

我体验这个世界的方式应该与你一样

我大儿子读小学二年级时，开始把诗歌带回家背诵，一周背一首。于是，每天晚上，我就和他一起背一句。我们一遍又一遍地重复着那些词语，直到它们准确无误地印入他那颗聪明小脑瓜的大脑皮层里。

最初，我觉得这样做没什么问题，我也没什么怨言。但日子一天天过去，我发现自己开始重新审视这种脑力“健美操”的目的。在过去的 10 年里，我本人也是一位教育工作者。我是哈佛商学院的一位市场营销学教授。每学期，同事们和我都会要求学生掌握一门特殊的语言。我们教给学生商业“语法”——其实就是一些商业模式和很不错的商业实践，然后让他们在学习各种案例的过程中，一遍又一遍地练习这种“语法”。

但通过这种教学经历，我发现，坚持重复演练虽然基本上都能提高学生的能力，但同时也不可避免地让学生陷入一种机械的自动化学习模式中。许多教育工作者都反对机械学习，原因之一就是，他们知道这种学习方法容易导致学生不动脑筋，最后反而会弄巧成拙。一旦我们过度学习某种东西，就再也不能真正地理解它。我看到，如今的商界也存在这样的问题。各行各业的专业商务人士已经熟练地掌握了一套特定的做事方式，甚至熟练到已经忘记了商业核心——为你我这样的大众生产有意义和有吸引力的产品。我并不是说这些人缺乏必要的商业技能，而是说他们已经变得过于专业化，就像一个运转良好的生产系统，批量生产一模一样的产品，一件接一件，效率之高着实令人惊叹。

我是一位研究商业的学者，但我同时也是一个普通公民、妻子和母亲。我想，我体验这个世界的方式应该与你一样。也就是说，当我离开家去买一瓶洗发水、一箱饮料或一双运动鞋之类的普通商品时，我要做的事情很可能与你要做的一模一样：面对一大堆眼花缭乱的商品，从中做出选择。在过去，当上一代人站在商店内的过道上时，他们面对的选择相对来说是很有限的，可能也就是四五种商品。但现在，这些商品已然神奇地演化成了数十万种产品，我们很难从中做出选择。同时这些产品的宣传方式也越来越多样化。很明显，要想熟练掌握产品营销这门语言，就必须精通“夸张法”这种修辞手法。正因为如此，商家才一次又一次地向我保证，他们的每一件产品都是经过改良的最新款；所有产品都是“更大、更好、最优”的那一个。

问题是，在过去的几年里，我们经历了一段非常艰难的时期。尤其是最近的经济衰退，对我们更是一个沉重的打击。每个人都别无选择，只能自己度过这次衰退期。不过，我不得不承认，这次金融风暴同时也在整体上重塑了民众。我记得，第一轮经济衰退——房地产市场崩盘，信贷市场冻结——来袭后不久，我甚至为自己没有住进镇上的那些奢华豪宅而心生感激，而以前我很羡慕住在那些房子里的人。我还记得，在报纸上看到过很多关于人们——甚至包括那些资产稳定的人群——开始反思自己的基本消费模式的文章，就好像人们对“欲望”和“获得”的理解在一夜之间发生了变化。过度消费过时了，取而代之的是在家具、衣物和生活用品上更为理性的消费模式。当时我在想：“丰富”的时代已经终结，但这并不是因为产品不再“丰富”，而是因为“丰富”已经不再是我们最渴望的东西。

我一直认为，商业的一部分其实就是艺术。如果让我具体描述这种艺术的独特之处，我会说它是一种调节艺术。在我心里，市场营销人员必须要迈出这一步：市场营销人员必须能够确定我们的需求维度——当然要留心我们想要什么，同时也要注意到我们不想要什么。没错，我们的需求确实是无止境的，但这种需求肯定会表现出一定的“轮廓”，而现在的商界缺乏的正是对我们的这种需求“轮廓”的敏感度。如今的消费文化早已过了这个阶段：传统市场营销人员提供的丰富产品——全是一些相似的，让人感到难以选择的花哨产品——总会让我们感到心动。然而，迄今为止……你只需随便走进一家商店，就能意识到商家并不了解这个事实。

10 年前，产品营销界就像当时的摇滚乐坛一样，都崇尚浮夸。当时的摇滚乐坛盛行的就是夸张表达，而缺乏原创则算不上什么大事。摇滚乐手只要记得一些旋律可预测的和弦，再配上一个吸引人眼球的合唱团，在舞台上充满自信、热情洋溢、活力四射地演出，就可以吸引观众。这其中的诀窍就是要大声唱，要多唱，要勇敢地唱，偶尔的欺骗不会伤害任何人。如今的市场营销就像 20 世纪 80 年代的重金属摇滚乐队一样，空洞无物。很多能吸引听众的商界大师都明白，在这个消费趋向理性的时代里，虚张声势未必能带来好的效果，复制也绝不会生产出最佳产品。

我之所以会撰写本书，是因为我相信，如今大多数人所追寻的是一种更能与之产生共鸣的声音，一种更有意义的声音，一种能从心底里感受到的不同的震颤。这正是本书要探讨的：这是一本探寻追求差异化对一个企业有何意义的书。

因此我在这个处处雷同的世界里开始探索不同。我要找出那些局外人，那些异类，还有那些提倡打破旧习的人——拒绝遵循那些已经被人们熟练掌握的商业规则，去探寻更冒险的方法的玩家。他们喜欢即兴创作，喜欢实验，能创立新品牌，生产新产品，即使是那些对过多产品感到腻烦、精疲力竭的人，也能对这些品牌或产品产生非常强烈的、真实的共鸣。

在这个过程中，我得出了这样一个结论：专业商务人士——尤其是市场营销人员——应该放弃那些自认为是“最佳实践”的做法了。这可是一个不小的挑战，就像我告诉学生们的那样：学习知识很容易，忘记知识却很难。但我觉得，这是建立消费者参与全新商业文化所必须做的，这种文化至少能使我们愿意认真聆听。

顺便提一下，我的小儿子去年也升入了二年级。不出所料，像他哥哥一样，没过多久他也将诗歌带回家背诵，也是每周背诵一首。于是，每天晚上我又开始尽职尽责地陪他一遍又一遍地背诵诗句，这场景真是似曾相识啊。

但这次我并没有全心投入，因为经过这么多年，我开始觉得，一首能够背得滚瓜烂熟的诗歌，就是一首很容易背诵的诗歌，而毫不费力就能背下来的诗歌，往往会被人们完全忽略其中的内涵。

我的一位从商的朋友夸口说，她可以在一个小时内领会任何一本商业书的主旨。当然，你是否会对这样的话感到吃惊，主要取决于你自己是否读过这种商业书。大多数商业书的作者在写作的时候，都会考虑到要让读者容易消化吸收。这些书的信息简化度已经达到了地铁路线图的水平。去除多余的信息，从而营造出一种概念上的孤立，从功能上说是非常实用的。

但是，减少信息量是要付出代价的。几年前，把大部分时间都花费在信息呈现研究上的耶鲁大学教授爱德华·塔夫特（Edward Tufte）出版了一本专题著作，书名是《PPT 的认知方式》（*The Cognitive Style of PowerPoint*）。这本书主要阐述了 PPT 这款风靡全球的信息呈现软件在信息认知领域的霸权地位。塔夫特指出，追求简单化所付出的代价就是“过度简单化”。你甚至还要为这个代价付上一笔“附加税”，即过于迂腐的学究气。想象一下，如果你去参加一场晚宴，结果所有客人都用 PPT 分享自己的故事。诚然，这天晚上你会接收到大量的信息，但你也会感到很枯燥，很无聊。

我记得我在大学里读过一本书，名字叫《别闹了，费曼先生》（*Surely You're Joking, Mr. Feynman!*），作者是诺贝尔物理学奖获得者理查德·费曼（Richard Feynman）。这本书有意思的地方在于，从表面上看，它是一本有关费曼先生私人生活、教学和工作的逸闻趣事集，而且这些逸闻趣事又很杂乱无章，但当你慢慢读下去时，你不自觉地就能意识到这些逸闻趣事的重要性和意义所在。读完之后，你会觉得它就是一本对科学界进行淋漓尽致批判的书。

费曼似乎很清楚，学者通常通过两种方法增进人们对事物的理解。第一种是类似 PPT 这样的方法，就是面对比较复杂的现象时，努力尝试把核心部分提取出来。第二种则相反，面对复杂现象时，不去剔除信息，而是依靠意外的信息源，寻找意外的细微差别，对复杂现象进行全新的阐释。费曼就是这样做的：把自己的研究主题织入日常生活这块宽大的“挂毯”中，增添了挂毯的华美感，改进了挂毯的质地和图案。我希望能够邀请到他，和他一起用餐。

还有其他一些像费曼这样的学者，他们写的书影响了我的写作方式。阿图·葛文德（Atul Gawande）医生撰写过两本关于美国医疗和卫生保健系统的书，分别是《阿图医生第 1 季》（*Complications*）和《阿图医生第 2 季》（*Better*）。这两本书就是一个复杂的混合物，既涉及专业层面，也涉及私人生活；一本不带任何感情色彩，另一本又充满激情。它们完全改变了我对医学的看法。约翰·斯蒂尔格（John Stilgoe）的著作《外面世界中的魔法》（*Outside Lies Magic*）则颠覆了我对现代建筑的看法。我在读研究生时，读了唐纳德·诺曼（Don Norman）撰写的一本颇有创意的书，名字叫作《设计心理学》（*The Design of Everyday Things*），这本书改变了我对科技和事物功能的看法。

虽然这些著作横跨很多学科，但它们却有很多共同点：撰写这些书的学者对自己的学科没有做任何简化，并为各自的学科赋予了人性，把这些学科融入日常生活。他们与自己著作的关系就像美食家卡尔文·特里林与美食的关系一样。也就是说，这些学者把自己的学科——无论是医学、建筑学或科技——看作一块大布料中的一部分。他们是这样的作者：以漫谈的方式叙述，但漫谈仅仅是直奔主题的一种方式。同时，他们成功地避免了迂腐的学究气。换句话说，他们完全可以接受“在同一时间，事情可以是正确的，也可以是错误的”这种论调。

这些书的启发性在于，作者在对各自学科中的错误现象进行系统评述之后，并没有就此止步。我常常想，避免批评转化为冷嘲热讽的方法就是，让批评成为一个起点，而不是一个终点。上面提到的这些作者正是这样做的：他们努力从不好的东西中寻找好的一面，找到之后，再对这些好的方面做出全新的阐释，然后赞美它们，鼓励人们去学习。如果把学问看作一种口头交谈，那么在我心里，这些书就是非常引人注目的健谈者。它们敢于尝试不熟悉的方言，用一些出乎意料且具有煽动性的方法推动谈话向前进展。

我之所以会撰写本书，还因为我相信营销已经成为时代之声。它不仅为我们的消费行为，也为我们的期盼、我们的爱和恨设定了一种有规律的脉动，营造出一种节奏。在这种背景下，有一些见解是无法通过线性思考方式呈现出来的。所以在这本书里，矛盾、对比和旁逸斜出的联系俯拾即是。

另外，每年我都会告诉学生，市场营销是组织内部唯一一种以联系人和商业为明确目的的活动。这里所说的人是真实的人。这些人的问题在于，他们看待世界的方法与商务人士的方法完全不同。他们不会用到项目符号，也不会用流程图和框架图构建对这个世界的认知。人，真实的人，看待这个世界的时候会更随性。他们都很有个性，不可预测。他们处于非常优美的无序状态。

本书也是如此，它亲切自然，像生命体般自由发展，它独具一格，它甚至会稍显凌乱，但在我看来，这些并非缺陷。因为我的初衷并不是要做层层推论，而是要像人们东拉西扯一样，用一种不可预见的方式漫谈。商界和日常生活一样，有时候，最发人深省的见解反而是无心之谈。

在此我不得不提到一位学生对我的课程的评论，这是迄今为止学生们对我的课程做出的最好评论："您的课程和哈佛商学院其他老师课程的不同之处在于，您的课程非常人性化。虽然名义上是商业课程，但其实是关于我们自己的课。”

本书也是如此。从表面上看，它在讲述一些商界的道理，但其本质上就是一本关于我们自己的书。

前言

反思消费世界，在混乱中脱颖而出

想象一下，你现在站在超市麦片区的货架前，要选择一种你以前没有吃过，但在理想情况下会喜欢吃的麦片，你会怎么选择?

如果你在日常生活中经常吃这类食品，那么这项任务就不会太难。十有八九，你只需沿着过道向前走，一次性过滤掉一批麦片，比如所有儿童麦片……或者所有看起来含糖过多的麦片。然后，再用第二套过滤方法继续精心选择，排除掉一批，比如所有格兰诺拉（granola）麦片……或富含纤维的麦片。在把过道上的所有谷类食品缩小到一个小范围后——或许只剩六七种品牌，再按照层层标准排除，比如所有含葡萄干的品牌，或包装太难看的品牌，直到最后做出选择。

完成这个过程可能只需几分钟。当然，如果你对早餐过分挑剔，那么花的时间可能会长一些。如果不考虑结果，在整个过程中，你选择产品的方法体现出的智慧着实令人印象深刻。在某种程度上，你已经学会了专业市场营销人员所使用的产品分类解构法：使用一连串子类别或更小的子类别；在某种程度上，你还学会了按照标准为一系列产品分类；还可以说，在某种程度上，你已经学会了区分只有细微差别的品牌。换句话说，你在自己没有意识到的情况下，已经在这个过程中成为一位分类专家，一位麦片专家。

现在，再想象一下，一个火星人站在同一条超市过道上，要完成同样的任务。这项对你来说很容易的任务却会令他退缩。即使他的智商很高，也要花费好几个小时来分析这些不同的商品。可怜的火星人，对他来说，所有麦片的包装都是一样的，这真令人困惑。

为什么呢？因为行家看的是差异，而新手看的则是相似点；行家可以通过细微的不对称识别出极小的差别，而新手则缺乏必要的过滤手段来有效地分析、整理和筛选各种产品集合；行家仅凭直觉就可以毫不费力地找到某个产品类别，而新手很费力才能找到产品类别。就这一点而言，购物已经超越了经验，上升到现象学[①]层面。

你可以在各种产品领域内不断尝试这种方法，结果都是一样的。试试给美国本土以外的人解释佳洁士和高露洁牙膏的不同，试试给一个孩子解释本田和丰田汽车的差别。我和我先生逛 Foot Locker 专卖店[②]的时候，他会像一位寻找一种罕见葡萄酒的品酒行家一样在店里逛，而我就不同了，我完全就是一个运动鞋的门外汉。所以，他在店里逛的时候，我站在商店的角

---

① 现象学，德国哲学家埃德蒙特·胡塞尔创立的一个哲学流派，口号是“回到事物本身”，概括地说，现象学是一种认知世界、改造世界的方法。这里作者的意思是，人们在“购物”时，已经不再依靠经验，而是依靠特定的方法。——译者注

② Foot Locker 专卖店，主营运动鞋的运动产品零售商，在欧美地区知名度很高，footlocker.com 是世界上最大的体育用品网络零售商，目前可提供多种著名体育品牌产品。——译者注

落里，感觉自己被一模一样的鞋子淹没了。

如果要了解某种文化中的群体消费观，最好的办法就是亲自参观当地人购买肥皂、食物和鞋子等日常用品的地方。如果外星人参观了美国的某个杂货店或药店，他们就会得出这个结论：人类整日沉迷于大海捞针——从数不清的麦片和肥皂中做出选择。从很多方面来说，他们这个结论是正确的。我们总是让自己处于这样的境地：不断地从过度丰富的产品中做出购物选择，而且也对此习以为常。

尤其是当我们面对成熟的产品类别时，更会这么做。当一种产品类别尚处于初期发展阶段时，产品种类往往很少，甚至只有一种产品。像最初的能量棒[①]、随身听、可口可乐和百事可乐等产品类别包含的产品种类就很少，但随着产品类别的发展，产品种类开始以几何级数急剧增加。如今，PowerBar 这一个品牌就有 40 多种能量棒，涉及 60 多种子品牌。同样，仅索尼旗下就有 20 多种随身听，而私人音响产品也包含了 100 多个品牌。其实，要想了解某个产品类别的成熟度，一个比较快捷的方法就是弄清楚

产品类别演化图

① 能量棒（PowerBar），补充能量的棒状食品，热量很高，可帮助运动员提升表现。同时，PowerBar 也是一种能量棒品牌，2000 年成为美国奥运代表队指定的能量棒供应商。——译者注

这个产品类别里到底有多少种产品。

但产品数量增多并不意味着产品多元化。相反，随着同种类型产品种类增多，这些种类之间的差异则会逐渐缩小，甚至会缩小到微乎其微的程度。尝试一下，随便选一种产品，比如肥皂、麦片或鞋子，然后列出同类产品间的差别。产品间差别可能很大，但绝大多数都微不足道。也就是说，如今产品类型的细化已经违背了追求多样化的初衷：以前我们能够欣赏产品之间的差异，现在却不得不忍受它们的千篇一律。这并不是说产品之间的差异是不真实的，而是说这种“真实”的差异其实非常微小，就像同义词间的细微差别一样。又如，水鸭蓝和海军蓝的“差别”与红色跟蓝色的差别自然不能相提并论。

企业在这种差异细微的产品类别中竞争就会遇到问题。因为此时只有产品分类专家，也就是行家，才能轻松应对这种分类细化。

在许多方面，产品鉴赏力与语言能力相似，它是一种特殊类型的知识，这种知识能够提升理解和阐释能力，从而让人看到全新的世界。产品鉴赏力是一种通行证、一种资格、一项权威。没有熟练掌握这门语言的人，如果相比较而言显得没有头脑，也是人之常情。因为没有找到洞察这个世界的方法，不懂这门语言的人无疑会成为彻头彻尾的门外汉。

要想成为行家，最简单的方法就是全身心地处在相应的环境中。如果每个夜晚都是万圣夜[①]，那么每个人都会迅速成为糖果专家。

---

① 万圣夜（Halloween），即万圣节前一天，在每年的 10 月 31 日，是西方国家的传统节日。当晚，孩子们会穿上化装服，戴上面具，挨家挨户收集糖果。——编者注

还有一种更简单的方法，即在产品类别尚处于发展的初期阶段就去了解它。因为产品类别往往是会扩充的。比如，最早的手机只能用来打电话，但经过升级、改进，逐渐就具有了发短信、拍照、摄像等功能。如果你能持续关注这些复杂功能的开发和应用，你对产品类型的理解自然而然就会加深。作为消费者，你会逐渐老练起来，就像市场也在逐渐成熟一样。

如果某种产品类型已经发展得比较成熟，这时再去了解它就会困难得多。比如，有一天你决定要成为厨师，那么你不仅要学会怎样烹饪，还要能够清晰辨别厨具之间以及各种胡椒之间的区别。在这个过程中，虽然有一些事情做起来会很开心，但也有一些事情做起来会像做家庭作业一样枯燥。而且，要想达到类似于产品类别专家的水平，做出比较明智的选择，不仅要花费时间，还要投入精力。

考虑到以上情况，找出产品类别专家其实并不难。他们的做事方式往往不经意间就会暴露其身份。我的一位同事对文具特别挑剔。对于她来说，在史泰博[①]文具区花半个小时研究各种办公用品，就像一位美食家寻找最完美的菜肴一样理所当然。她就这样成了一位文具行家。我还有一位邻居，由于要频繁出差，所以对笔记本电脑非常挑剔。在挑选时，他会认真比较市场上几十种笔记本电脑的重量和电池寿命。他就这样成了笔记本电脑行家。

如果我们是某种产品的行家，那么从很多方面来说，我们就是这类产品的理想消费者。我们购买一些设备时，会去辨别，会搜集资料，并认同这种产品所依据的逻辑，不管这种逻辑以哪种方式表现出来。我们能捕捉

① 史泰博（Staples），全球卓越的办公用品销售商，世界500强企业之一。——译者注

佳能 EOS 40D 相机与尼康 D90 相机之间的区别，或双倍浓缩汰渍洗衣粉与普雷克斯强力洗衣粉的不同之处。我们带着自信和博识，游刃有余地应对某种产品五花八门的品牌。由于鉴赏力往往意味着热爱，我们通常会对这种产品非常痴迷。我们不仅是了解这种产品的行家，还是其狂热爱好者。

不过，专业知识也是有止境的。有时候，因为产品之间的差别过于繁多，即使是该产品的狂热爱好者也无法区分。热爱语言的人或许会乐于比较同义词，但如果要让他们说出“蓝色”这个词的 100 多个同义词，也会令他们觉得困惑不已。

我们肯定都是某类产品的行家。我以前也像我的邻居一样，会花时间寻找在价格、重量和性能方面都非常理想的笔记本电脑。但现在我已经跟不上它的发展步伐了……只要是重量轻的笔记本电脑，我都能接受。同样，以前我也坚持买特定包装、特定类型和品牌的清洁剂……但现在，我早已放弃在清洁剂区寻找最新款清洁剂了。

换句话说，在某类产品成熟的过程中，会经历这样一段时期：即使是最常购买某产品的消费者，也会觉得努力比较品牌间的差别很不值得。比如，本来愿意尝试购买更便宜产品的家庭主妇，或不再在意自己的笔记本电脑是否是最新款的频繁出差族。在一种产品的生命周期中，这段时期可能是一个非常危险的拐点：热衷于比较产品的消费者数量比漠不关心者要少。现在普遍的情况是：非常在意产品类别差异的狂热者正在减少，而怀疑产品差异重要性的消费者却在与日俱增。

当产品类别发展到这段时期，我建议可以参照消费者在面对日益繁杂的市场时所采取的措施来细分市场。我在本书后面的部分将会讨论这种市场细分策略。简单地说，细分出的消费者群体包括实用主义群体、拒绝使用某种产品的群体和投机主义群体等。这些群体有一个共同点，他们对一种产品的热情会随着时间的推移逐渐淡化，取而代之的是一种夹杂着冷漠、困惑和怀疑的态度。

为什么说这个阶段很危险呢？因为竞争力就是企业成功的核心，而竞争力又取决于企业与竞争对手保持差异的能力。俗话说，没有差异，就会灭亡。对于某个产品类别而言，一旦质疑产品与产品、品牌与品牌之间差异的消费者开始增多，产品类别内部的差异化就可能变得毫无意义。

产品类别发展到这个阶段的信号，不仅是消费者对产品热情的减退，更体现在这种热情发展到了荒唐的地步。要想完全了解某种产品类别，就要痴迷于最细微的产品差异。我们都碰到过这样的人：过分挑剔一双袜子的好坏，或固执地相信某种织物柔顺剂比其他牌子的更好。这种对细节的执着就像过分讨价还价一样令人颜面无光：一般人认为不值一提的琐事，你却好像总是紧抓着不放。对于一个行业而言，这是一种很糟糕的情形：消费者对产品的热爱发展到了极端苛求的地步，一种接近于“古怪”的癖好。

对于某个产品类别而言，如果那些坚信产品之间仍有差异的消费者被人嘲笑，就说明该产品已经发展到了我前面所说的“异质同质化”（heterogeneous homogeneity）阶段：差异确实存在，但全部淹没在一片“相同”的海洋中。注意，人们对某个产品类别的嘲笑程度与产品之间到底存在多少无意义的差别有着直接的关联。

与体育界、游戏领域和日常生活一样，商业领域里也有很多常识，即那些不言自明、显而易见的真理，基本上不用去证明。比如，低价买进，高价卖出；了解竞争对手；倾听消费者的心声。在商界，这些格言不仅是一种传统智慧，而且已经成为现代商务人士惯性思维的一部分。另外，因为这些智慧几乎已经内化成一种信仰，所以当其受到质疑时，我们不仅会加以捍卫，还会对质疑不屑一顾。

篮球比赛引入 24 秒进攻时限规则后，球队的得分潜能就得到了最大限度的发挥。毋庸置疑，实施这样的规则后，为了赢得比赛，球队都要尽可能地多得分，越多越好。而这正是波士顿凯尔特人队能够在 1956—1957 年的 NBA 比赛中脱颖而出，打破体育界历史常规的原因。凯尔特人队根本就不是一支擅长进攻得分的球队，而是一支防守球队，在伟大的防守队员比尔·拉塞尔（Bill Russell）的带领下，这支球队在 13 年里一共夺得过 11 次冠军，公然挑战了传统战术。

那时，大多数篮球粉丝把拉塞尔当成一个异类，认为他是运动界的一个奇迹，拥有一种神秘的力量，能做到其他人做不到的事情。通常情况下，如果出现一位挑战者，成功地嘲弄了现存的正统观念，人们的第一反应就是把他当作一个异类，而不会觉得正统观念有什么问题。这种想法也算有道理。毕竟有时候，异类就是异类。

但有时候，这个异类可能就是一种预兆，预示着一种环境的改变，而这种环境可能会颠覆我们惯性行为的根基。在如今的 NBA 比赛中，打防守战术也能得冠军，大家都知道这个事实。但我们是怎样接受这个事实的呢？当异类频频出现，传统观念就会在事实的压力下逐渐发生变化，直到最终被证明是一个谬误，一种错误的集体信念，甚至在某些情况下，已然成了没有生命的过时观念。

问题是，有时让真理变成谬误的正是时间。一代人以前，球队靠进攻夺得冠军；而如今，靠防守夺取冠军也是事实。20世纪六七十年代，“更新、更好”这几个字对人们来说确实是有意义的。但如今，这些字已变得毫无意义。也就是说，在白天还是正确的事情，到了晚上可能会变成错误的。所有变化都面临这样一个问题：变化随时都会发生。这就意味着，在变化过程中会有一段模糊时期，此时，旧有真理一边固守内核，一边开始瓦解。

我认为，如今的商界就面临着这样一种变化。本书要阐述的一个论点是，在如今的各种产品类别中，竞争性差异化已经明显误入歧途。更确切地说，商家已经集体陷于一种特殊的竞争节奏中，好像已经忘记了自己的使命——创造出更有意义的、相互之间有差别的产品。而这样的结果是，商家竞争得越激烈，产品之间的差异反而变得越小。

在这些产品类别中，激增的不是“差异”，而是“相同”。除了最热情的产品分类行家，所有人都会这么认为。在消费者看来，产品之间已经不再相互竞争，而是趋同化了。威瑞森电信和AT&T无线通信服务公司在激烈地竞争着，但对于不能清晰辨别其产品之间差异的人来说，这种竞争毫无意义。如果火星人降落在美国，他们一定会认为这里几乎所有产品和品牌的背后都有一个巨大的阴谋。

只要随意观察一下周围的世界，你就能清楚地看到，真正的竞争性差异已经多么罕见。在众多产品类别中——无论是麦片、手机资费套餐，还是运动鞋——你很难找出哪怕一种因为独特性脱颖而出的产品品牌。

我想起孩子们喜欢玩的一个游戏，名字叫“永久的标签”[①]。这个游戏很神奇，竟然融合了跑、追、贴标签、僵立不动和石头剪子布等各种内容。根据我的判断，这个游戏包含下面这些基本元素：所有儿童——不限年龄、性别或跑动能力——都能互相对战；游戏结果带有随意性，身体弱的孩子也可以一直玩下去，而身体强壮得像运动员的孩子也很难操控游戏；随时都有人会赢，但彼此之间不会拉开太大差距，每个人也不会玩得太久（游戏的组织人会频繁变换队员组合）；游戏也没有固定的终点，理论上它可以一直持续下去。总而言之，这个游戏的魅力在于——至少从父母的角度看——在游戏的过程中，孩子们不仅消耗了很多体力，最后都累得气喘吁吁，而且由于游戏特定的内在要求，任何孩子都不会格外抢眼。

这个游戏的寓意很明显。本书第一部分的核心前提就是，在众多的产品类别中，差异化已经很难寻觅，因为我们已经陷入一种竞争节奏，其中差异化本身成了差异性的障碍。在这一部分中，我还提出，陷入这种特殊的竞争模式的企业已经成为生产“异质同质化”产品的行家，如果你愿意，也可以说它们是生产不同克隆体的行家。也就是说，它们已经成为特殊的仿制品大师。不是存在特别的产品，而是仿制品。但是，因为这种特殊的仿制品掩盖在“差异化”这个行业术语的外衣下，所以企业的管理人员仍然相信“竞争差异”这个谎言。当然，大多数消费者都知道，《皇帝的新装》里的皇帝是没有穿衣服的。

---

① 永久的标签，英文名 perpetual tag，类似中国的儿童游戏“我是一个木头人”。——译者注

还好，本书还有第二部分。

当环境改变，固有的真理开始土崩瓦解，首先放弃它的人会占据很大的优势。我在本书的第二部分中指出，回顾过去 20 年里最著名的商业案例，你就会发现，在各种产品类别中，只有少部分案例可以称得上是违反常规的异类。它们就是 20 世纪 50 年代凯尔特人队的商业版。也就是说，可以把它们的崛起看作一种预兆，预示着一种环境的变化，预示着传统智慧马上就要被新的智慧取代。

这就意味着，仔细考察这些异类可以得到深刻的洞见。人们很容易忘记下面的事实：任何人都可以学习写作、绘画或者演奏乐器，但在历史上配得上详尽诠释的艺术大师，往往是那些执意把文本、音乐和艺术向新方向推进的人。过去的经验告诉我们，在各个领域中能引起人们注意的人物，往往是那些既熟悉行业规则，又明白这些规则亟须打破的人。他们逼迫我们正视自己商业先入之见的弱点。

我觉得这种情况同样适用于商界。能够在特定领域真正实现竞争性差异的企业——能够在混乱中脱颖而出，真正引起消费者共鸣的企业——寥若晨星，这无疑让人感觉沮丧。但正是这些异类向我们生动地揭示了那些根深蒂固的商业设想的局限。所以，如果说本书的第一部分读起来就像是一种批判，那么第二部分读起来就像颂歌，赞扬那些提倡打破旧习的人们及其经营方式。

当然，把特立独行的人当作胜利者写进一本书是有风险的。与时装界、媒体圈和娱乐行业一样，学术界也是有潮流的。把打破常规的人当成主角的想法就像是“哈利·波特”[①] 风潮一样，已经过时了。正因为如此，第二部分的目标并不是要为这些打破常规的人加冕，而是分析和解释他们的成就，好让其他人也可能获得同样的成功。

同时，我很清楚本书并不是一本带有指导性质的入门书。在我看来，指导性书籍的问题在于很少有人会真正相信书中的内容。如今的商人需要的是一系列全新的见解，而不是一套全新的操作指南。因此，在本书的第三部分，我将从一系列见解入手，讨论一种关于竞争，尤其是竞争性差异的崭新思考方法。

如此一来，撰写此类商业性书籍就遇到了挑战，因为所有的好句子已经被用完了。所以，必须打破常规，漠视传统智慧，变得激进，吐故纳新。但问题是，如何让一个人重视那些他认为已经被滥用的词语呢?

这个问题很难回答。如果你在当地书店的旅游书籍专区驻足过，你就会发现，这类书籍大致可以分为两类。其中主要的一类是各种各样的旅游指南，像《福多尔的 2010 加勒比海之游》(*Fodor's Caribbean 2010*)、《意大利旅游入门》(*Italy For Dummies*)、《佛罗默 85 美元一天畅游欧洲》(*Frommer's Europe from $85 a Day*) 等等。这些书籍其实都是指南性手册，内容都是一些清晰的旅游建议，比如去哪里旅游、旅游途中应该做什么等，而且常常以列表、项目符号、排行榜等形式呈现出来。

不过，在大量类似的指南性手册旁边，还摆放着另一种旅游书籍，这

① 哈利·波特，英国女作家 J. K. 罗琳的著名魔幻系列小说与改编电影的主人公。——编者注

类书籍的内容与那些手册相同，但记述方式却迥异。像比尔·布莱森（Bill Bryson）的《“小不列颠”札记》（*Notes from a Small Island*）、约翰·麦克菲（John McPhee）的《到乡下来》（*Coming into the Country*）、保罗·泰鲁（Paul Therous）的《直至世界尽头》（*To the Ends of the Earth*）等。在这些书里，读者读到的是作者在英国乡间游览时，在喜马拉雅山跋涉时，或在树林里漫步时的深思与见闻。这类书籍几乎没有掺杂任何清晰的旅行建议，原因是那些卖弄学问的建议会破坏这类书籍所带来的独特阅读体验——这类书温和地提醒读者，不管走到哪里，重要的并不是你看到的景色，而是你欣赏景色的方法。

我之所以会提到这一点，是因为我在本书的最后一节会提到一个重要的观点：过程决定结果。也就是说，人们参与竞争的方式导致了现今商业领域中的相似性和趋同性。正因为如此，我才认为我们应该尝试一种新的实践。我们应该培养新的竞争习惯，制定新的竞争制度和竞争规则。最重要的是，我们要建立一种崭新的竞争性参与的文化，这种文化至少可以成为杰出成就的孕育者。

所以，如果你愿意，请让我为你介绍我眼中的消费世界。或许我的叙述方式有些散乱，时不时还会陷入一种学术味颇浓的胡言乱语中，不过，请你记住，这种类似日记的书籍的价值就在于其反思效果。用我的话说就是，在每天结束的时候，日记里所写的内容并不重要，重要的是你在读日记的时候大脑里所思考的内容。

第一部分　群氓的竞争（批判）

第 1 章　群氓的天性

当我还是一个小女孩的时候，有个老师总鼓励我们要多喝牛奶。不知为什么，她就是认为喝牛奶可以提升智力水平。对于这位老师而言，智力是最宝贵、最有价值的。可以说，无论是从内心，还是从专业背景的角度来讲，她都堪称学者。

有时，有的同学会直截了当地问她："什么是智力？"她的回答每次都不同：

"智力就是小孩子说出来的第一句话。"

"智力就是今天上午金贤珠同学在数学课上讲的笑话。"

"智力就是手牵手的三兄弟。"

"智力是黄色的。"

她的回答让我们晕头转向。如今，三十多年过去了，想想她那样回答的原因是很有意思的一件事。还是孩子的我们其实是在请她用最直白的方式描述事物，以便我们能够容易理解。虽然她回应我们的态度开放而坦率，但回答问题时采用的表达和要描述的事物却毫不相干。坦白地说，整件事情确实让人抓狂。

但话说回来，现在我越来越能理解这位小学老师了。这么多年来，我发现描述事物对于描述者来说其实是一项艰难的挑战。越想深入挖掘某种事物的本质，就越应该找到更准确的词语客观地把事物描述出来。幸运的是，词语间有无数组合方式，随你所用；困难的是，如果词语组合的方式太过于新颖或大胆，别人可能无法理解整个描述。

作为一名成年人，这两方面我都体验过。每当听到一位评论家说某种酒“味道很吸引人，会使大脑兴奋”，“入口时有一种薄荷和绿桉树的味道”或“有浓郁的洋槐蜂蜜和香草味”时，我总是感到困惑不已。同样，如果认真读完一篇 2 000 字的影评后还是不满足，就会让人非常沮丧。影评人好像陷入了撰写散文的乐趣中，完全忘记了回答读者最关心的问题。不错，演员的表演确实很“卖力”，灯光的运用确实也很“大胆”，但这部电影到底好不好看？值得大家去看吗？

每年大约有 200 名新生选修我的课程。如果要我描述这群学生的性格，你肯定认为我会使用一些你意料之中的词。你肯定不会认为我会说他们“能隔音、柔软易压缩，或者需要天天浇水”，在你的预期中，我会说他们聪明、有智慧、善良，或者很外向。一段好的描述应该按照人们能够理解的标准来捕捉事物或现象的特殊性。否则，我们就无法在大脑中安置这些被描述的实体。

虽然明白这个道理，但在描述的时候，我还是会忍不住使用一些更生动的语言，以便对学生做出更加客观的判断。于是，我就再次栽在了词汇这个难题上。在描述类似一个人或一群人这样的复杂体时，可供选择的词汇是非常多的。你既可以说一个人讨厌、古怪而有趣、尖刻，也可以说他脆弱、话多或精力充沛。于是，“无穷无尽”这个问题又出现了。

这时，一套统一的描述方法是很有用的。有了这套方法，词汇的使用就有了可以遵循的规则和规范。这套方法通过提供一系列标准，为性格描述创造了一个共同的基础，从而结束了无休止的词汇混搭游戏。

请看一种比较流行的描述方法：标准人格测试。人格测试是一种按照事先制定好的标准描述个体性格的测试工具。这种类型的测试无疑有很多种，但最基本的测试是从两个维度（这应该不需要解释）入手的，比如强势或顺从，友好或不友好。

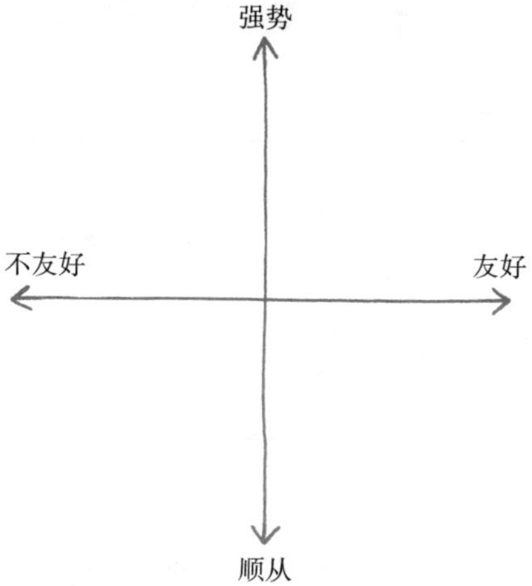

这种测试工具吸引人的地方在于，它可以在最节省资源的情况下捕捉大量信息。大多数人格测试会涉及 4 种或 5 种维度，但最基本的二维测试方法的表现力也是非常惊人的。把某些人描述为“不友好——顺从”，就可以传递出其性格方面的大量信息。当然，你也可以延伸出另外一套描述性词语（例如：“消极反抗”“阴郁”“充满怨恨”等），从而更加彻底地把个体的性格具体化，不过描述的核心仍然是固定的。优质的描述标准应该做到：直击事情的核心所在，捕捉到性格的本质，否则这种性格描述就会无休无止。

另外，在学习下面的 2×2 坐标描述法后，你一定能在其中找到自己。很快你就能找到自己所属的象限，而且也会很容易找到家人、朋友和同事所属的象限。

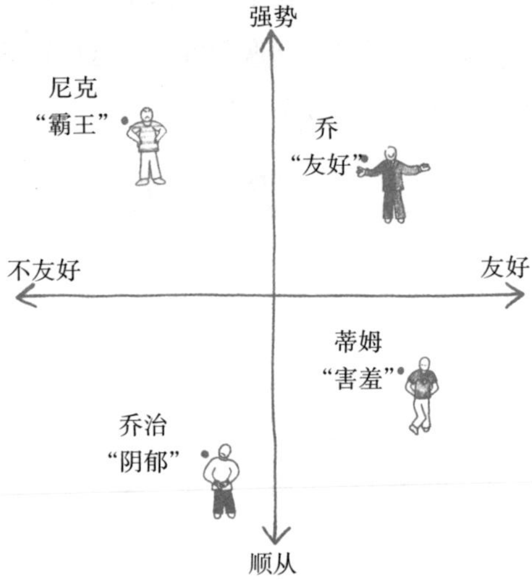

优质的描述标准的第二个要素是：便于比较。利用它你就能把个人的性格特点如此清晰地描述出来，以至能发现以前从未注意到的联系（很奇怪，这么做还很容易上瘾）。这种描述会让人们产生类似于“哦，怪不得看到乔治就会想起理查德”的联想。

商务人士描述产品和品牌的方式与心理学家描述个体的方式相似，都是依靠描述性工具，揭示出他们要理解的事物本质。其描述标准也是通过类似方法产生的：询问人们对产品或品牌的看法，然后把这些看法用下图表示出来。

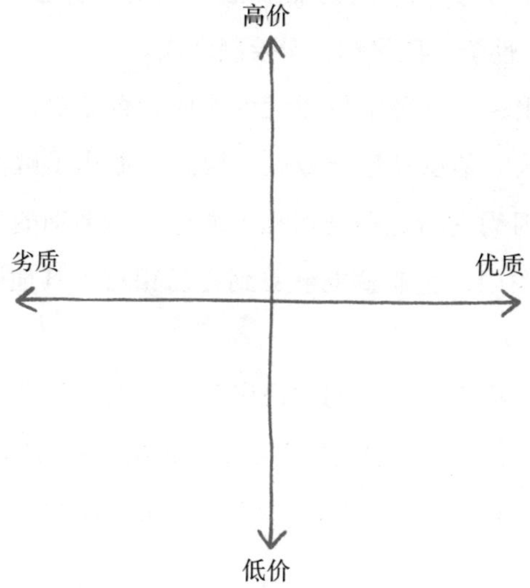

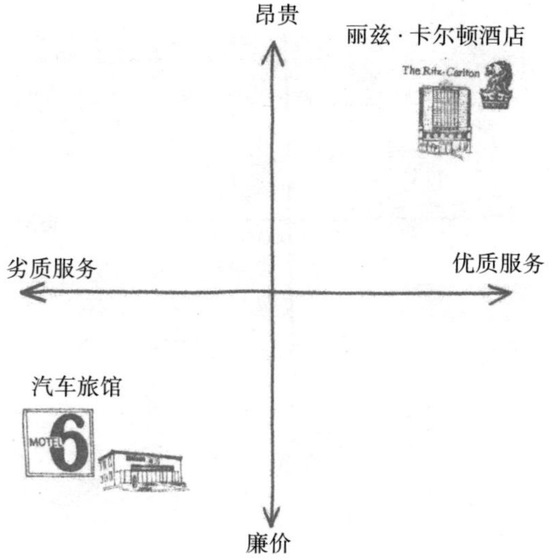

品牌经理们把这种图称为“定位图”，他们会针对不同的产品类别绘制不同的定位图。例如，典型的酒店业定位图可能会根据价格、奢华程度、服务和地点等标准绘制而成；典型的笔记本电脑定位图则可能根据价格、性能、质量和重量绘制而成。

一旦绘制出来，这种定位图就可能成为企业制订竞争策略的关键，这不仅因为它能够帮助企业以“快照”形式了解消费者眼中的品牌特点，还因为它与竞争密切相关。把产品类别的所有特性都绘制在一张定位图中，企业就能够看到自己相对于其他企业的优势和劣势。

由于具有对称性，类似的“快照”图可以为消费者提供大量信息。如果前文中那个可怜的火星人复活，再次在拜占庭式的谷类食品迷宫中穿梭时，下面这种基本的 2 × 2 图对他该有多大的帮助啊。

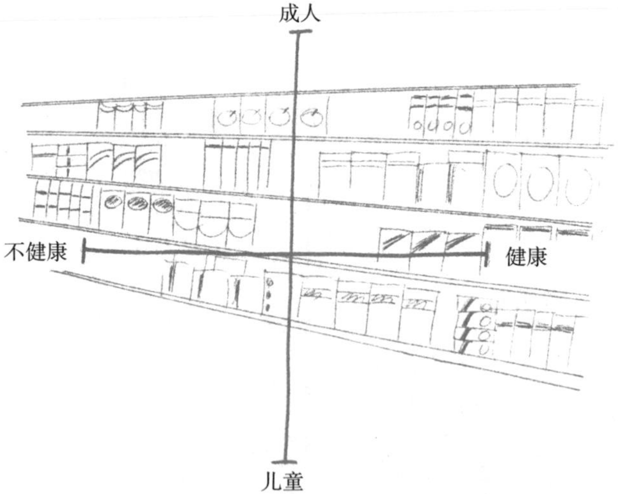

虽然我们可能没有意识到，但我们都会用到这种“快照”式方法。二十多年前，我第一次看到《美国新闻与世界报道》（*U.S. News & World Report*）上的大学排名。有两点让我非常吃惊。第一点是排名非常透明。在那个时代里，大学都习惯了依靠人们对“声望”的不固定认知吸引生源，但这个排名丝毫没有隐瞒任何关于大学的信息。它提供了各种经过考察的大学内部信息，包括学费、学术能力评估测试（SAT）分数、师生比例等详细资料，普通的大学申请者在别处根本了解不到这么多详细信息。人们好像第一次看到了一所大学的“内部”。

第二点是，这个排名便于人们比较。实际上，它就是一张以表格形式呈现的竞争定位图。看到图中整合的数据，人们不自觉地就会根据某项标准去比较两所学校。

作为消费者，我们时时刻刻都在寻找类似的比较标准。我们看到的数据不一定都是以表格形式呈现的，但这无关紧要。无论是大学的数据，还是酒店业和汽车业的数据，这些衡量标准都能高效地输出大量信息，还会很奇特地令人上瘾，甚至被赋予某种权力。

不过，这些衡量标准有利有弊。在赛跑中，我们碰巧用速度作为衡量标准，因此我们培养出的运动员以速度见长。如果我们碰巧用跑步姿势作为衡量标准，我们培养出的运动员就会拥有羚羊般优美的身姿。从我们决定衡量某件事物的那一刻开始，我们就会去追求这种标准。换句话说，衡量标准就是指向某个特定方向的指针。一旦这个指针产生，竞争者迟早会朝着这个指针所指的方向聚集。

20 世纪 80 年代至 90 年代，一批著名的医院达成一致，同时向民众公开医院的死亡率。这被视为医院透明化的关键一步，病人可以了解很多关于医院服务的内部信息，这些信息是他们以前了解不到的。如果说医院的职责是治愈病人，那么在评估一所医院的资质时，还有什么方法比追踪这家医院的死亡率更有效呢？

但人们很快就发现，一家医院的死亡率是由各种复杂的因素决定的，包括接纳的病人类型、医生所做的实验性研究的数量，以及医院所提供的看护等级。每个因素都会直接影响医院的死亡率，却不能反映医疗水平。

说得更直白一些，医院要想降低死亡率，最简单的方法显然就是拒绝接受重症病人。但如果所有的医院都这样做，结果令人不寒而栗：愿意接收治疗难度高的病人的医院会逐渐变少；愿意尝试治疗高风险病例，成为疑难杂症领域权威的医院也会越来越少。如此一来，不仅医院的服务质量不会提高，医院之间还会变得越来越相似。

最近几年，大学排行榜之所以饱受批评，就是因为：如果一种教学模式在排行榜上表现不佳，就很少有大学再去尝试它。排名使得勇于打破陈规的大学不得不面临更大的风险。

所以，统一的衡量体系面临这样的问题：衡量体系的地位越牢固，就越难出现离经叛道的人或异类，甚至是实验者。换句话说，任何一种竞争性标准都会引发群体竞争。这其中的相互作用类似于物理学中的“观察者效应”，只是人们在使用这样的衡量体系时并没有意识到这一点：衡量行为本身会影响被衡量者的行为。

再举一个例子。在运动型多功能车（SUV）这类产品中，Jeep（吉普）无疑是个经典品牌。在我看来，美国 SUV 市场的开拓和发展离不开它的功劳。20 年前，这个品牌就是专门在崎岖山路行驶的四轮驱动工具的代名词。如果按照这种标准来比较 Jeep 和其他品牌，比如尼桑或丰田等竞争对手，人们一定会认为 Jeep 更出色。但是，如果按照其他标准，如可靠性，那人们肯定会认为尼桑或丰田安全性更高。

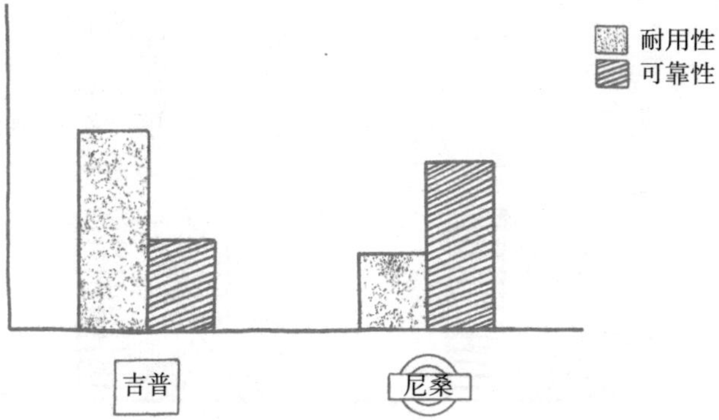

如今，上述的优势对比正在趋同，如下图所示：

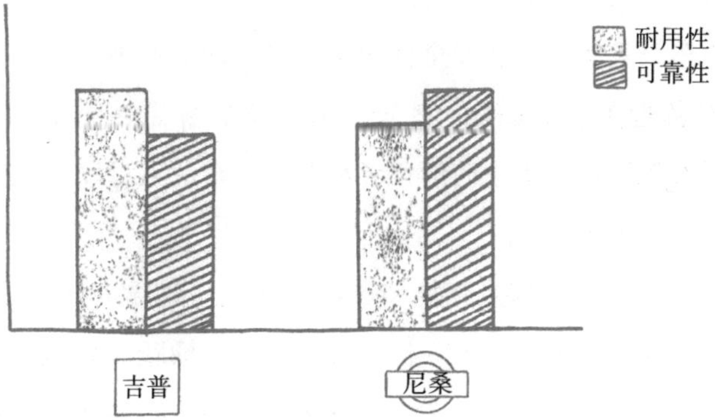

在这期间发生了什么事情呢？很简单，耐用性和可靠性已经成为汽车厂商衡量自己在SUV领域地位的通用标准。这就意味着，在这两个方面落后的品牌都要迎头赶上才行。如果把这种效应延伸到衡量SUV的所有标准上，比如，每英里汽油消耗量、安全度、舒适度等，那么最终的效果就是，这类产品提供的服务会随着时间的流逝而逐渐趋同，如下图所示：

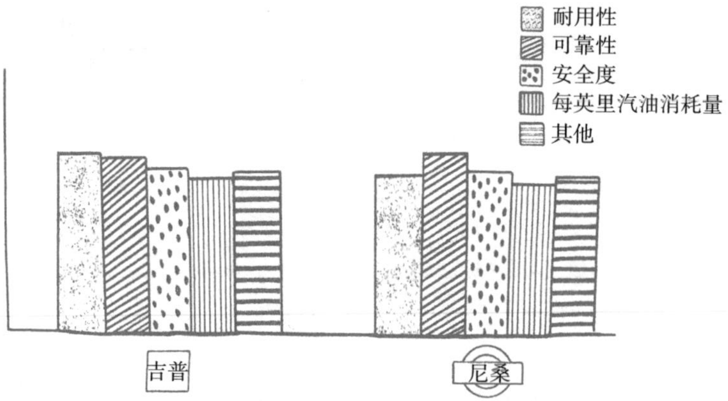

在各种产品类别中，你都可以看到同样的竞争趋势。10年前，沃尔沃轿车以其实用性和安全性闻名于世，而奥迪则以其跑车的性能和外观闻名遐迩。但如今，奥迪汽车在安全测试中已经超过了沃尔沃，而沃尔沃则在广告中向消费者承诺，开车的人可以在驾驶过程中体会到很大的乐趣。

这种相互作用就像是一场“谁最受欢迎”竞赛，为了赢得比赛，每个人都要表现得像其他人一样友好、愉快、活跃和幽默；或者像是一场选举，每位候选人都力图表现得迷人、庄重、谦虚、强大。一旦所有人都开始这样做，就不再有人能够脱颖而出。

就连消费者对这种行为也没有免疫力。如果你让沃尔沃车主提出一些改善该品牌的建议，他们就会告诉你，他们确实很赞成这个品牌重视安全性能，但最好把汽车的外观设计得更性感一些。如果问奥迪车主同样的问题，他们的回答则刚好相反。事实上，向消费者询问他们的需求这一行为本身就有问题。消费者不仅会要求一些他们还没有得到的东西，还会要求所有产品竞相保证提供的东西。这就是市场调查存在的众多问题之一。最终，沃尔沃汽车变得与奥迪车一样，而奥迪汽车也与沃尔沃汽车不分彼此。

这就是追求差异化的代价，也是追求卓越的代价，不管在什么领域都是如此。重视教学质量的大学没有必要拥有强大的科研实力，一位底线型网球高手没有必要拥有很高的击落地球技术，但消费者不懂这个道理。所以，如果你只是要找出一个折中的方法，那就去做民意调查，做一点研究，调查一下人们的意见。但是，如果你要找一种独特的解决思路，那最不应该做的事情就是让大家投票。

多年前，我在读研究生的时候就开始了我的教师生涯。当时，我想出了一种自以为比较温和的方法，用来激励我带领的研究小组里的十几名学生。在学期中间，我决定对他们开学以来的表现做一个比较详细的评估。几天后，一位相当优秀的学生带着满脸困惑走进我的办公室。我之前给他一份期中评估，评估中把他与其他同学做了一个比较，如下图所示：

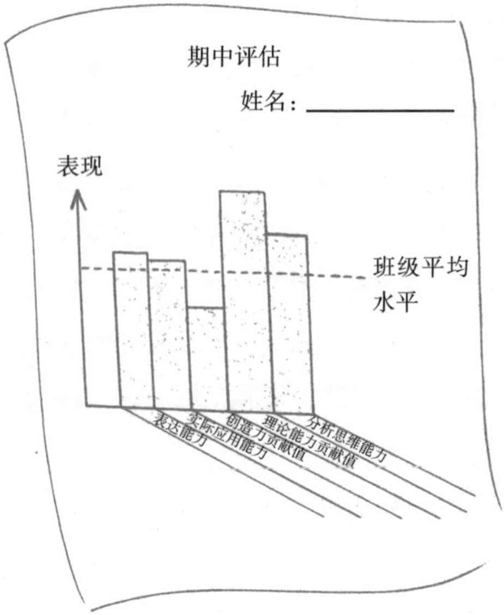

他向我提出的问题是，怎样才能提高自己在集体讨论中的创造力贡献值？

几周后，我就看到了这个评估的最终效果：几乎班里的所有同学都把努力的重点放在了自己的不足上。创造力最强的学生在努力改善自己的分析能力，而分析能力最强的学生则想要提高自己的创造力贡献值。这在他们的书面作业和讨论课中表现得很明显。大家都放弃了自己的优势。于是，在课堂讨论上，就再也看不到他们的闪光点。

一旦把差异以书面的形式记录下来，就会发现一个很有趣的现象：人们在这种比较系统中会本能地着力于消除差异，而不是强化这些差异。在这方面，我和其他人一样都在犯错。在整个职业生涯中，我接受过无数次评估，包括研究、教学等方面。在这些评估中，不管某一方面的反馈有多出色，如果总体评估是有缺陷的，我就会不由自主地加以弥补，力图面面俱到。

企业也陷入了同样的困境中。如果你是某汽车公司的品牌经理，在市场调研中看到下述评价，你的营销重点会侧重于哪方面呢？

市场调研

消费者如何看待您的产品

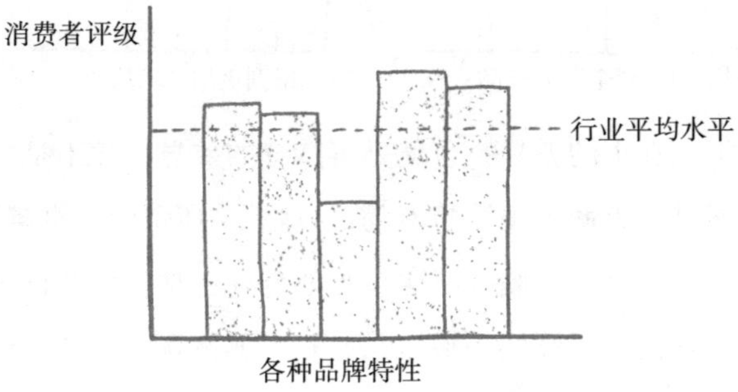

我想你一定会有改善自己品牌的“弱点”的冲动。同时，你可能根本不会想到做相反的事情——增强你的优势，拉开你与竞争者的距离。

但这些用来确定竞争地位、动机良好的努力，不管是用品牌定位图、市场调研，还是用其他竞争分析方法，最终都会变成一根“赶牛棒”，把你“赶向”一种均势。回到我给学生们做的期中评估上，虽然我的本意并非消除学生的差异，进而降低班级讨论的总体水平，但事实上我确实这么做了。同样，当企业对职员的表现做出评估时，其本意也不是要培养出一批能力均等的劳动者，但结果又确实如此。

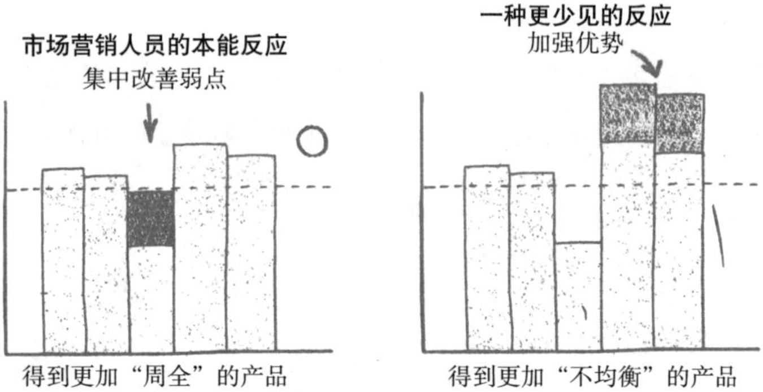

事实上，真正的差异，也就是可持续的差异，并不是“均衡化”的结果，而是“失衡现象”特有的“贡献”。所谓的“卓越”同样如此。假如你要去见一位脑外科医生，他自称还是一位儿科整形医生，并且在肉毒杆菌美容疗法领域也是专家，那你肯定会怀疑他的资质。为什么呢？因为仅凭直觉你就知道，要想取得极为卓越的成绩，必须有所取舍。就像电影里通常呈现的那样，中学足球教练也可能教社会学课程——尽管他可能是一位足球天才，但他肯定不会在教学方面获得奖项。

同样的道理，如果悍马在广告中鼓吹可以为你带来温暖舒适的家庭旅行，那么它的公路“硬汉”形象就会遭到破坏。如果法拉利在广告中强调孩子坐在车里有多安全，它作为“超棒跑车”的口碑也会受损。有所不为不仅是卓越所必需的，也是差异化的标志。无论是对于产品和品牌，还是对于脑外科医生，这个道理都适用。

但在商业领域，商家很难抗拒努力赢得“均衡”的结果的冲动。在很多案例中，“均衡”的最终效果就是集体平庸。我在写本书的时候，星巴克咖啡连锁店正在尝试为顾客提供超值早餐；而麦当劳快餐店却在尝试为顾客供应咖啡。

群体动物行为中最典型的特征就是缺乏共谋。虽然它们看起来像是统一行动的整体，但其实它们不过是一个个散漫的个体，自给自足，不相配合。动物集体行动时，它们之间的协作并非由某个头领指挥而完成，科学家称之为“自组织系统”。而我则喜欢用“自发性胁从”来描述这种自然协作行为。

蜂群就是这样一个自组织系统。蚂蚁王国也是一个自组织系统。鸟群、车流、股市等都是自组织系统。

了解自组织系统工作原理最简单的方法，就是将其分解开来进行观察。20 世纪 80 年代，克雷格 · 雷诺兹（Craig Reynolds）被鸟群的飞行序列深深吸引，开始对其进行研究。作为一名接受过专业训练的电脑动画师，他决定编写一套程序，在电脑屏幕上呈现模拟动物群体行为的画面。起初，他按照三个简单的规则编写单个虚拟鸟的程序，这三个规则是：（1）避免和旁边的鸟太过靠近以免发生冲撞。（2）与旁边的鸟同步飞行（大体上以同样的速度朝同一方向飞行）。（3）向旁边的鸟群所处的位置滑翔。

明明知道在完成这项任务之前还要做更多的工作，但他还是坚持只用这三个规则测试模拟效果。令他吃惊的是，鸟群的飞行状态已经非常完美，根本不需要其他程序。雷诺兹对人工生命领域所做出的贡献在于，他用实验证明，只要每个个体都遵循利己、短视等行为原则，从整体上看，群体行动就会像是经过精心设计的组织行为。

“自组织系统”这个概念吸引人的地方在于，群体对个体几乎没有要求。具体来说，个体只需满足两个最基本的条件即可成为群体的一员。第一个条件是，要拥有感官系统，能够察觉周围其他成员在做什么。在商业领域，竞争定位图的功能也是如此：让我们知道自己相对于其他个体的位置，并对最接近的竞争对手的动向保持高度敏感。

第二个条件是，在旁边的个体改变方向时，要能做出必要的调整。群体行为的基础就是反应能力。也就是说，如果附近的鸟开始向左滑翔，其他鸟就必须跟进；如果旁边的鸟开始向右加速飞行，其他鸟也必须做出调整。

在商业领域，这种倾向不仅同样存在，而且根深蒂固。我们的竞争感官系统随时发挥调节作用，防止我们与其他公司靠得太近或离得太远。因此，当美国航空公司推出常飞旅客计划在美国航空领域占据微弱优势后，或当高露洁公司因推出美白系列牙膏而在口腔卫生行业稍微领先后，我们势必会急切地想要迎头赶上。一般而言，如果竞争整体向某个方面发展，商家就会自动转向这个方向。

当个体面对最直接的竞争对手时，这种倾向会更加突出。想象一下：如果哈佛大学承诺为所有学生提供一年免费国外游学机会，那么耶鲁大学和普林斯顿大学就会面临推出相同服务的压力，但佛罗里达大学则不会有这样的压力。如果丽嘉酒店宣布为所有顾客提供通宵免费干洗服务，那么四季酒店就会面临提供同样服务的压力，但如果是6号汽车旅馆承诺提供这种服务，四季酒店面临的压力就会小得多。同种类别产品内的竞争群体常常会保持同样的步伐，因为原本就很相似的竞争者最容易表现出从众行为。

所以，自发性胁从在激烈的市场竞争中极为常见。同类产品内的竞争越激烈，竞争者的群聚程度就越高。这就意味着：企业对周围竞争者的动向越敏感，就越能泰然自若地应对。但不难想见，这种伎俩很快就会愈演愈烈。当企业为了市场份额而拼得你死我活时，这种毫不留情的竞争很容易失控。

但是，单个的企业很难察觉这种作用机制。就像被堵在半路的司机很少会想到他们自己要负的责任。克雷格·雷诺兹的运算系统令人信服地表明：对于同样的事物，如果能将触角伸入内部，观察到的结果也许会与从外面看到的大不一样。

1972 年，心理学家欧文·詹尼斯（Irving Janis）推广了“群体思维”这个概念，描述了个体的想法在没有经过严格的测试和评估的情况下也能保持一致的现象。当时，这个词是一种蔑称，在很多方面反映了那个时代的社会心态。在 20 世纪 70 年代，人们几乎对所有群体行为都抱有怀疑的态度，尤其是奥威尔式缺乏独立思考精神的群体。伴随着我长大的“服从集体”始终是带着贬义的。“同龄人的压力”是蔑称，“大众心理”也是蔑称，甚至“集体”这个词也会让人联想到和苏联有关的东西。

但在过去的几十年里，情况有了变化。人们讨论群体行为的思路也有所不同。如今，人们对自组织系统的益处普遍持乐观态度，这种乐观充分体现在当下流行的词汇中：集体智慧、智慧的群众及群众的智慧等。这种乐观的讨论围绕一个重大误解展开：由于自发性胁从以理性的独立决定为基础，那么它必定导向最佳的结果。

我提出这两种相互对立的观点，并不是想证明哪一种更正确，而是意在找到它们之间的折中点。第二种观念提醒我们，在某些情况下，自发性胁从有可能产生积极的效果，比如，在集体智慧、协作筛选、维基百科等例子中，自发性协作确实有可能创造出无可匹敌的奇迹。

而前一种观念则提醒我们，在其他情况下，如果集体向某个单一、共同的目标迈进，后果就只能是集体窒息。关键的问题是，在特定的情况下，多样性——多元化的结果——是否有价值。比如在赛跑比赛中，我们要求运动员向同一方向跑，但在医疗保健和高等教育领域，我们就不会这么要求。

当然，在商业领域，企业对抗趋同化的主要途径就是差异化。从理论上说，竞争越激烈，企业对差异化的诉求就越强烈。但我认为事实恰好相反：企业越努力参与竞争，与其他企业的差异就越小。至少在消费者看来是这样。

具有讽刺意味的是，在很大程度上，本章提到的群体行为恰恰源自大多数企业管理者眼中的至理名言，如了解竞争对手，学会聆听消费者的声音等。而且，这些群体行为的特征恰好就是大多数企业管理者眼中的最佳实践的要素，如要时刻保持警惕、不能自满、反应及时等。

另外，这些管理者在确立和强化差异化时所依赖的工具——竞争标准、定位图、消费者意见调查等——也已经变成促进一致化的工具。这些工具促进了一致行为，而不是避免。整个商界都被自己所用的工具背叛了。

为了有趣一些，我们来想象一种超现实的情形。假设在某种产品类别内，有 10 家公司被迫在对对方一无所知的情况下摸索经营。具体来说，这 10 家公司必须在不知道自己相对于竞争对手的相对位置的情况下制定商业策略——销售何种产品、怎样创新、怎样定价、怎样宣传等，那会是怎样的结果呢？

我猜这10家公司制定的策略肯定大不相同，或者套用本章的说法，这10只“小鸟”必定会飞向完全不同的方向。

不要误解我的意思，我可不是鼓励商家这么做。我提出这种超现实的假设的本意是激发想象，而非指导你去这么做。那么，请你再进一步想象一下，一旦这10只“小鸟”开始飞行，会出现什么样的情况？

我猜，有一只小鸟很快就会坠落，摔得粉身碎骨；另外有几只小鸟能正常飞行……但最重要的是，还有几只小鸟会飞到一个非常好的地方。

出于同种原因，作为教师我早就知道，给学生布置比较复杂的课外题时，通常有两种方法。第一种是列出一系列衡量课题的标准，明确地告诉学生我对他们进行评估时所参照的因素。第二种方法是不告诉学生清晰的衡量标准和具体的评分参照因素，只让他们明白，我对他们的期望很高。

如果采用第一种方法，就完全能够预测他们的研究结果。到了期末，他们会交上来一批没有差错、传统保守的研究报告，没有太大差别，很好评分。但是如果采用第二种方法，结果就完全不同了。当然，在开始时，我要花费很多时间回答学生们的疑问，为他们解答一些不确定的地方，因为我没有给他们列出清晰的参考标准。但到了期末，我就会有丰厚的收获。学生交上来的课题研究在很多方面都有很大差异。虽然有些课题研究常常不及格，但大多数都还不错……而且常常还会有几份做得特别好的研究，好得竟然出乎我的意料。

回想那位小学老师对“智力”的解释，我明白她的回答之所以让我感到沮丧，是因为这些回答没有可操作性。我想变得聪明，但她的回答没有告诉我怎样做到。换句话说，我需要的其实就是一个智商测试，外加一些提高智商的建议。我需要为实现自己的抱负找到一个努力方向。

幸运的是，她并没有这么做。因为她深知，对于有些事情——尤其是人们渴望得到的理想化的东西，比如智慧、才能、成就、美貌等，我们往往使用一些具体的、可度量的且大家都赞成的定义，以获得内心的安全感。

如果把这些具体的东西都拿走，我们就会感到混乱。任何时候逼迫一个人离开自己的“舒适区域”，他都会有类似的感觉。但是，从长远看，这样做并不见得就是坏事，尤其当你的目的不是培养一群顺从的追随者，而是坚持自由多元的思维方式时。

作为一名教师，如果你拒绝用条条框框来限制对“成就”的看法，拒绝用卷尺衡量学生的成果，从很多方面来看，你就是在耐心教导学生进行有意义的反抗。你同时也是在鼓励他们超越外界权威标准，独自思考“卓越”的含义。你还给了他们一张许可证，凭借它，学生们可能做出惊人的成就，超乎你的——甚至是他们自己的想象。

第2章　关于发展的悖论

从我成为母亲的那天起，我就失去了活在当下的能力。童年时，我所有的注意力都放在当下。夏天就是一连串懒散无聊的日子，好像永远没有尽头。每一年都像一辈子那样漫长，不管这一年我8岁、9岁，还是10岁。

但为人父母却意味着同时生活在过去、现在和未来。拥抱孩子时，你会明显感到他去年这时还要矮小得多，也会期待他明年又会长多高。就像在时光中随意穿梭，你时而为他们的智力发育而惊喜，时而为他们的语言才能而惊叹，时而又为他们的幽默感而叫好。同时，这种经历其实就是你在一边回味过去，一边展望未来，我知道这种说法有点古怪——就像一个人回家之后还说自己思乡心切，但请相信我，当你同时跨越过去、现在、未来时，这种情况很有可能发生。

作为父母，要在孩子看不到过去和未来的重要性时，对孩子的过去和未来负责。有人说，年龄越大，时间过得越快，我认为他们错了。其实并不是时间过得快了，而是时间融合在一起了。

我的成长经历和我孩子们的相比，有同有异。简单地说，瓶子变了，但酒没有变。虽然孩子们玩“抢旗子”游戏（capture-the-flag）的场所换成了整齐的、喷洒过对人畜无害的除草剂的草坪，但“抢旗子”游戏没有变；他们用笔记本电脑写课程报告，用手机给我发短信，但家庭作业始终存在，与妈妈交流也不会改变。关于时间、发展和进化，始终有一个悖论，用法语说是“plus ca change, plus c’est la meme chose”，即变化了的事物越多，保持不变的事物就越多。电影翻拍行业就存在这样一个内在矛盾：演员总是新面孔，道具和场景也得以更新，但故事情节却始终是观众熟悉的。

我的小儿子最近在看一部汉纳–巴伯拉（Hanna-Barbera）公司出品的动画片《杰森一家》（*The Jetsons*）。它在20世纪60年代播出，讲述的是生活在未来世界的一个卡通家庭。总的来说，它吸引人的地方跟科幻小说一样，一切都变了，一切又都好像没变。乔治·杰森虽然坐着一个顶部透明的飞碟上班，但他每天还是要去上班；汉·索洛买醉的酒馆外观奇特，他的酒友也荒诞诡异，但他仍然要找酒喝。史前的穴居人弗雷德·弗林特斯[①]虽然生活在石器时代，但他仍会嘲讽自己的妻子，也会和朋友巴尼闲混。也就是说，一个句子的名词和宾语变了，但动词却始终没有变化。

但如果因此就总结说，人们本身没有变，只是他们周围的事物变了，也不尽然。尽管与其他父母一样，当我想让孩子们明白我多么理

① 弗雷德·弗林特斯，汉纳–巴伯拉公司制作的动画片《摩登原始人》中的人物。《杰森一家》是《摩登原始人》的未来时空版本。——译者注

解他们内心的兴奋或失落，我就会给他们讲一讲我年轻时候的事，在这样的对比中，人物的变化显然不大。

但是，如果我想让孩子们知道他们现在是多么幸运，应该对现在的富裕生活充满感激，就必然会提到他们周围的事物。在这种情况下，我所提及事物之间的对比会非常明显。我知道，这是父母惯用的伎俩：逼着孩子忍受你绘声绘色地描述年少时使用过的陈旧物品，如打字机、计算尺、电话亭、录音机等。不过，这种方法透露了另外一点重要信息，即你在含蓄地暗示他们：随着周围事物的变化，他们自己也发生了改变，至少他们的生活质量已经大大提高了。

当我上网买日用品，而丈夫又用洗衣机洗了一缸脏衣服时，我们正在将父母需要花一天时间才能干完的活儿压缩到 15 分钟以内。用这些省出来的小时数乘以一个人成年后的全部年数，你就知道为什么我们能够与伴侣和孩子相处更长的时间，而父母却不能。几年前，我遭遇过一次车祸。车祸发生的瞬间，安全气囊立即打开。我后来才意识到，在保护人身安全方面，汽车起到了很大作用。当周围事物变化的时候，我们也被改变了，而且通常是向好的方向发展。

因此，每当提到发展和变化时，我们总是乐观主义者，谁又能责怪我们呢？当然，我们很清楚，发展往往很缓慢，需要逐步积累，每一次发展都会为下一次奠定基础。但我们同样清楚，有时候，这些逐渐累积的进展会带来丰厚的收益。

从这个方面来看，我们都是会时光穿梭的人。我们买一栋房子，是因为我们知道如果在房子这儿盖一个洗浴间，在那儿更换一下壁纸，房子会变得很漂亮；我们接受一份工作，是因为我们期望更快得到提升。在上述例子中，我们都在憧憬未来，而且我们憧憬的是完美的未来。

不过，这么说也不完全正确。有时，当未来成为现在，我们反而想退缩。在完全忽略玩具商店几十年后，我丈夫再次光顾一家玩具店时，他被五花八门的时髦的儿童玩具搞得晕头转向：小时候玩过的万能工匠积木和其他有意思的玩意儿都不见了，取而代之的是一些新流行的小物件和能闪光的怪异的电子玩具。我想，他的沮丧部分源于他的怀旧情结，而怀旧情结本身就是一个很有意思的概念——它是一种向错误方向发展的乐观情绪。

如果在多年的忽略之后，你又重新开始关注某种产品，你的反应如果不是感觉幻灭，至少也会相当不安。试着买一台新洗衣机、一套新家庭娱乐设备、一个新微波炉，或为孩子买一款新玩具，如果你很久没有买这些东西了，再买时你可能会觉得很震惊。

科幻小说这样做的效果相当戏剧化，这种体裁就常常给我们提供类似的机会——在它所描绘的世界中，变化再无遁形的机会。这时我们才意识到，产品的进化不仅让人赞叹，也会令人迷惑，毫无用处，甚至显得荒唐。为什么杰森一家愿意生活在一个密封的玻璃泡里？为什么他们愿意把食物压缩成药片的形状？当然，我们的祖先也会对我们提出同样的疑问：为什么有人愿意生活在像大盒子一样的多层公寓里？为什么有人愿意从药片状的东西里吸收维生素和营养？我们却羞愧地对此心知肚明，这至少部分印证了我们对维持我们生存的物质产品的矛盾心态。

改变是好事，改变很糟糕；让明天快点来吧，让明天再慢点来。这些想法互相矛盾，有违逻辑。我们预测未来时，既可能乐观，也可能悲观；既可能迫不及待，也可能心灰意冷。但最重要的是，我们是在向未来索取，而且是毫无理由地索取。也就是说，我们要求得到自己想要的东西，而且是马上得到，并且是以自己期望的方式得到，不能有丝毫偏差，也不能有任何多余的东西。

我很讨厌比计算器还复杂的电视遥控器。我现在这台笔记本电脑的开机时间比以前那台长了两倍，这也让我很烦恼。我想念冰激凌车、带有指针的闹钟和黑胶唱片。但另一方面，我也离不开空调、网络报刊和Kindle电子书阅读器。

也许上面这种说法仍然不完全正确。我们并没有向未来索取，而是缺乏宽容的心态。我们把信念寄托在关于发展的神话上……如果未来与我们的期望稍有不同，我们就会失望，甚至感到幻灭。

这就是产品营销人员与消费者的不同之处。

消费者对发展的态度是不一致的，而产品营销人员对发展的态度则始终如一；消费者对变化的态度有点模棱两可，而产品营销员的态度则很明确；消费者对产品进化的态度摇摆不定，产品营销员的态度却是可以预测的，而且刻板得令人吃惊。

这听起来可能像是一种指责，但这并非我本意。如果你去参观一家具有代表性的消费品企业，你一定会为公司员工对消费者的真诚关注感到惊喜。这将是一种全新的体验，尤其当你认定无商不奸的时候，你会发现，没有比你这种观点更离谱儿的了。

具体来说，如果你观察专业商务人士在各类消费品市场中的行为——从汽车行业到酒店行业，从饮料行业到洗衣粉行业——你就会发现，在谈论产品进化的时候，大多数商人的目的非常明确：他们只是希望自己的产品变得更好。他们常用“产品升级”这个概念描述这一目标。通常情况下，产品升级有两种途径。

第一种是“加法升级”。把一种产品（或一种“价值呈现”）看作一系列优势，产品营销员通常会强化这些优势来改善产品。有时，他们也会强化一种产品已经存在的优势。比如，增强清洁剂的去污能力，或延长产品的保修期。有时，他们会为同一种产品增添附加功能，比如向清洁剂里添加柔软剂，或者在保修期内提供退款服务。不管怎样，企业采用加法升级方式的目的，就是无止境地投消费者所好。

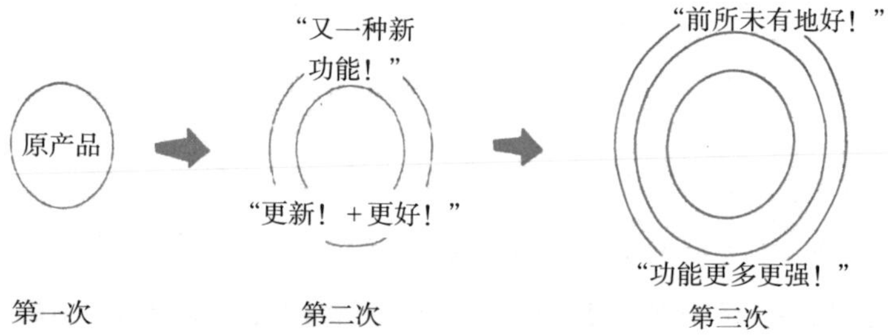

加法升级

加法升级的例子随处可见，遍及你能想到的所有产品类别。以前，牙膏只有预防龋齿这一种功效，如今则具有清新口气、去除牙垢、美白牙齿等多重功效。以前，洗衣粉只有清洁衣物这一种功效，如今则可以消除静电、防止褪色、软化衣物。在所有案例中，产品的使用价值都越来越高了。

第二种是“乘法升级”。企业深谙不同消费者有不同偏好的道理。

因此，他们不断推出针对特定消费群体的专门产品。可口可乐公司同时生产多种可乐：健怡可乐、樱桃可乐、无咖啡因低热量可乐以及柠檬味健怡可乐。商家的理念就是尽最大努力满足消费者：为消费者提供各类产品供其挑选，每种产品除了具备核心功能外，还具备针对特定群体的额外功能。如下图所示：

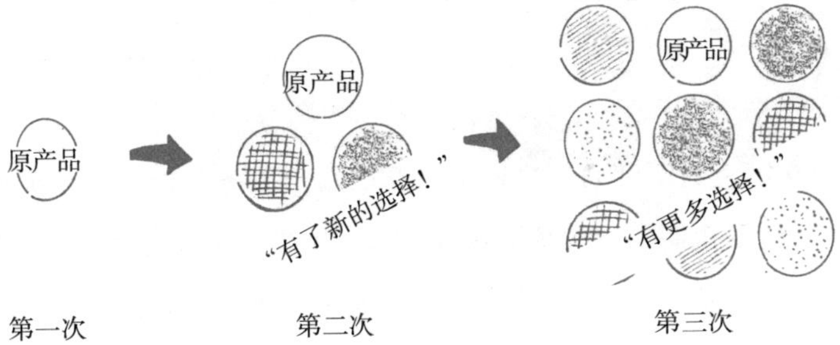

乘法升级

你同样可以在想象范围内的所有产品类别中找到"乘法升级"的例子。以前只有两种铅笔。如今可供选择的铅笔布满了当地文具商店的整个货架。

这两种产品升级相同的目标是让产品变得更好，不管是通过叠加的方式还是重新生产的方式。我喜欢给学生布置一项作业，就是让他们选择一种已经成熟的产品，预测 5 年或 10 年后这种产品类别会发展成什么样子。他们的作业中反复出现的主题就是"加法升级"和"乘法升级"。电脑的内存越来越大，存储量也越来越大，这属于加法升级；专为孩子和老人设计特殊电脑属于乘法升级；麦片的内外包装更容易拆开，这属于加法升级；专为幼儿和糖尿病患者推出特殊麦片属于乘法升级。

在这种情况下做出预测很容易。因为清楚产品进化的企业往往会有一个前后一致、符合逻辑的思路。他们比任何人都清楚消费者对未来有多么苛求——我们要得到自己想要的东西，马上得到，并且是以自己期望的方式，不能有丝毫偏差，也不能有任何多余的东西。因此他们尽最大努力满足我们的要求。在各种产品类别中，产品会沿着上述两种既定的轨迹进化，也就不足为奇了。

1999 年，威斯汀酒店决定提供新的增值服务，推出了“天梦之床”——接受定制的十层豪华睡床。第一次在这种床上睡觉时，感觉就像置身于天堂，我可没开玩笑，这种床真的非常舒服。

虽然我很感谢它带给我的香甜睡眠，但我几乎没想过，要推出一种改进的特殊产品，企业需要付出多少商业努力。当企业努力改进产品时，常常需要调动企业内部的各种资源——销售、设计、运营和新产品开发等。威斯汀酒店花费一年多时间，耗资 3 000 万美元，才研制出了“天梦之床”。在这个过程中，公司测试了数百种床垫、枕头和亚麻纺织品。

几年前，《纽约客》刊登过一篇文章，详细地讲述了两家一次性纸尿裤厂商——生产好奇牌纸尿裤（Huggies）的金佰利（Kimberly Clark）公司和生产帮宝适（Pampers）的宝洁公司（Procter & Gamble）——坚持不懈地提高纸尿裤吸收能力和紧密度的过程。而纸尿裤这种海绵状物品使用一次就要扔掉。这篇文章有意思的地方在于，它窥视了纸尿裤行业这个古怪又让人着魔的微观世界，而这正是众多商家较量的战场。纸尿裤的吸水层、二次抗湿性测试和高分子成分——看完这篇文章后，你一定会佩服这些企业在提升纸尿裤品质过程中所表现出的认真、严谨和实力。

大多数消费者都知道，像英特尔这样的公司会定期为了提高电脑芯片的性能投入大量资源。但他们不知道，生产汤品罐头、葡萄干燕麦饼和家用清洁产品的企业也会这么做。我的孩子们在草坪上玩抢旗子游戏时，享受着没有杂草、对宠物都非常安全的草坪环境，但他们肯定意识不到企业在营造这样的环境时所付出的努力。

最近的一个周六，我带两个孩子去海滩玩，出发前是这样的情景：他们往自己的儿童防水背包里装了几瓶富含维生素的果味饮料，往身上擦了防晒霜，喷了驱蚊水，穿上防皮疹的速干水上运动衫，戴上护目镜，再穿上防水凉鞋。于是，在炙热的阳光下玩了一整天后，他们体内依然水分充足，皮肤没有被晒黑，也没有被虫子咬到，脚上连一道伤痕都没有，而且每天应摄取的维生素和矿物质也百分之百被吸收了。显然，当我们使用的物品改进后，我们也会获益颇多。

当然，这并不是说企业在努力升级产品的过程中没有私心。当企业决定改进产品时，其背后必定有多种商业动机，包括增加企业收入、提高品牌形象、提高用户忠诚度、增加产品类别等。企业的创办人不是圣人，而且对于消费者而言，他们也没有义务成为圣人。

我只是想说，企业进行产品升级可能费力不讨好。如果某个人说“我决定等到明年再买 ×，因为明年 × 系列的产品会比今年好很多”，他其实说出了我们都认为是理所当然的想法：我们期待企业在未来给我们提供完美的产品，而且我们认为企业对我们的期望心知肚明，这让我们不由得沾沾自喜。

大约 30 年前，美国西北大学（Northwestern University）的社会心理学家菲利普·布里克曼（Philip Brickman）组织了一个研究小组，专门研究中奖彩民的幸福水平。研究小组发现，在刚得到一大笔财富时，中奖彩民会非常兴奋，但这种兴奋感很快就会消失。随着幸福感的消失，他们逐渐对许多中奖前喜欢做的事情（比如读书，或者坐下来享受一顿美餐）也失去了兴趣。几个月后，这些暴发户就会觉得，自己并没有比中奖前更幸福。布里克曼把这种适应现象称为“享乐适应症”（hedonic treadmill），这一概念精确地描述了一种心理：昨天还在感激的事物，今天就会理所当然地接受。

众多关于“享乐适应症”的研究的有趣之处在于，它指出从进化的角度来看，我们被商家宠坏是一种必然。例如，丹尼尔·卡尼曼（Daniel Kahneman，社会心理学家，诺贝尔经济学奖获得者）和他的同事杰基·斯内尔（Jackie Snell）在另外一项研究中，证实了一个许多人凭直觉知道的现象：如果你总是款待某人，时间长了，他对你就不再有感激之心。研究人员发现，如果让一个人每天都吃一份他喜欢的冰激凌，8 天后，他就不会再像以前那样喜欢吃这种冰激凌了。再来看我们的消费感受，你会发现，似乎在眨眼之间，人们对某种商品的好感就会转变成厌烦。

在特定的时间和环境中，人们的这种习性表现得更加明显。无论是《摩登原始人》中的弗林特斯一家、《杰森一家》中的杰森一家，还是《草原小屋》系列作品的作者英戈尔斯一家或《天才老爹》中的赫克特堡一家，都是如此。外在的形式可能变化了，但我们满足感的变化却始终如故。当伏尔泰说“幸福是一种幻觉，痛苦才是真实的”，他其实就道出了弗洛伊德的“快乐原则[①]”的虚妄。

正因为如此，能穿梭时空对商人来说是非常有益的。如果把“加法升级”的过程拆分成一系列连续的动作，如下所示：

（1）企业向消费者提供一种新的实惠，其产品价值得到提升。

（2）消费者感到很愉快。

（3）企业的竞争对手竞相提供匹配的产品。

（4）改进后的产品逐渐变成该类产品的行业标准。

（5）消费者的满意度重新调整，也就是说，消费者以前对新产品还非常感激，但现在已经视之为理所当然。

（6）消费预期提高，该类产品的最低标准抬高。

（7）重复步骤（1）。

把上述过程看作故事的情节，那么它不仅会反复上演，还会在多个频道里播出。美国航空公司通过推出常飞旅客业务提升其价值，旅客们很愉快，竞争对手也竞相提供类似服务，常飞旅客业务计划变成航空业的标准。于是，整个航空业回到了原来的竞争状态，只是赌注越下越大——也就是说，行业竞争的成本提高了。

从这个角度来说，产品升级是一条昂贵的商品化路线——某种产品的价值标准越高，消费者越无心比对商品。一旦消费者意识到所有航空公司都可以提供常飞旅客业务，所有清洁剂都具备高效去污能力，所有公司都能提供良好的质保服务，他们就没有理由再去挑选对比了。

① 快乐原则（pleasure principle），弗洛伊德心理学说中的一个概念，指的是人们为了满足生理上和心理上的需求，往往会趋乐避苦。——译者注

∴

而“乘法升级”的故事情节则稍有不同。几年前，瓶装水市场形势如下图所示：

以前

如今的瓶装水市场形势则异军突起：

现在

这就是商界版的有丝分裂——一个单细胞体不断分裂和繁殖。下图是几年前的便笺市场形势：

以前

如今的便笺市场如下图所示：

现在

无论何时，只要你看到这种异质性的同质化——大量产品和品牌在多个子市场中竞争，你看到的其实就是产品过度分化的过程。你会看到，企业把市场瓜分成越来越小的子市场，致力覆盖所有消费者的需求。

你还会看到，这种过度分化极有可能会发展到无意义的程度。你喜欢喝热量较低的优质黑啤，还是优质淡黑啤？你要买一双适合中等距离运动的跑鞋，还是一双适合短距离运动的低冲击力训练鞋呢？产品类别一旦发展到这个阶段，就会像魔法一样变出两个最糟糕的世界——可供选择的产品数量不断增多；真正有意义的产品比例在下降。产品升级再次成为一条昂贵的商品化路线。

但是，这种现象最令人失望的地方在于，商家在维系这种竞争态势时，手段越来越高超。最近几年，这种无休止的、不断累加的产品升级，不管是加法还是乘法，已经成为企业的核心营销力，几乎所有市场营销人员都在为此忙碌。

最近，我对瓶装矿泉水行业做了一些案例研究，也花了不少时间倾听这个行业的管理人员讲述自己的矿泉水与竞争对手有何不同。请看挪威沃斯（VOSS）——一种超优质矿泉水品牌——的管理人员在宣传资料中是怎样描述这种矿泉水的优势的：

> 沃斯矿泉水取自挪威南部的原始天然含水层。由于受到岩石层和沙层的保护，含水层没有污染，可以提供无与伦比的纯净水。
>
> 无须任何机械泵抽水，只要击打含水层，含水层受压，水就会自动喷到地面。由于受到防渗漏层的保护，这里的水接触不到空气或其他污染源。

现在再看看具有同样竞争力的斐济矿泉水（FIJI）的管理人员是怎样描述这款矿泉水的优势的：

> 提供斐济矿泉水的含水层位于远离现代工业文明的原始雨林边缘，处于原始的生态系统中，其水源和地理位置保障了它的纯净。赤道热风横跨太平洋，经过上千英里吹到这里，净化了这里的雨水。携带酸雨和污染物的风绝对不会吹到这里。所以，如果你想尝一尝真正的纯净水的味道，就打开一瓶斐济矿泉水畅饮吧！

请注意上述产品描述中过度雕琢的语言。在我看来，这是在现实生活中正在起作用的一种很奇怪的商业惯例。如果产品营销都采用这种方式，不仅产品升级的宣传会失去人们的信任，对产品差异的宣传也会失去人们的信任。好奇和帮宝适都在宣扬自己的升级方式与对方不同。例如，帮宝适婴儿干爽纸尿裤带有超弹性侧边，能够根据宝宝的身形伸缩。而好奇干爽舒适型纸尿裤则带有一种全方位伸缩侧边，可以让宝宝舒适地探索自己的世界；帮宝适婴儿干爽纸尿裤有“超吸收™芯材”，而好奇干爽舒适型纸尿裤则有“锁水层®保护”；帮宝适婴儿干爽纸尿裤上印着动画片《芝麻街》（*Sesame Street*）里的艾摩，而好奇干爽舒适型纸尿裤上的卡通形象是米老鼠。

这个例子再次证明，无论产品之间存在什么样的差异，差异都是非常微小的。人们常说，魔鬼就藏在细节里。但太多的例子证明，商界已经沦落到这样的境地：企业非常巧妙地把无意义的细微差异包装成真正的差异。

1980年，当代最著名的营销奇才之一、商业学者特德·莱维特（Ted Levitt）发表了一篇题为《体现差异才能成功营销》（*Marketing Success Through Differentiation...of Anything*）的文章。这篇文章已经成为经典之作，至今仍能引起广泛的争论。在文章中，莱维特鼓励企业在最不可能的地方实现差异化。他提出一种很有说服力的观点：以前被企业忽视的领域内的差异化，可以决定市场份额的得与失。

几十年后重读这篇文章，很容易得出这样一个结论：商界确实按照莱维特的鼓励做了，但却有些弄巧成拙。企业似乎非常善于从微小的差异中硬挤出差异，而且也非常善于小题大做。

请思考下面的例子。吉利（Gillette）在1930年推出经典蓝吉利剃须刀片，40年后才推出这款产品的升级版——带有两层剃须刀片的双层剃须刀。之后又过了18年，才推出吉利感应刀架。但在此之后，只过了5年时间，吉利就推出了超级感应刀架。然后，仅仅过了4年，另一款升级版吉利锋速3（Mach3，不再是两层，而是三层刀片）就问世了。紧接着，至少有4种升级版的吉利锋速3问世，包括吉利锋速3突破剃须刀和吉利锋速3动力剃须刀。如今这些产品基本上都可以在市场上买到，而吉利的最新一代剃须刀——含有5层刀片的吉利锋隐也已经上市。虽然相对于整个系列产品而言，这款产品还比较新，但它居然也有了几款升级产品：锋隐动力、锋隐非凡和锋隐动力非凡。

请看另外一个例子。可口可乐公司几乎用了一个世纪（确切地说是96年）的时间才推出第一种升级版饮料：健怡可口可乐。如今，可口可乐公司已经推出了十几种饮料，包括零糖分、零卡路里的零度可乐、香草可乐、柠檬味健怡可乐、用三氯蔗糖作甜味剂的健怡可乐和健怡可乐+（Coke Plus，添加了维生素和矿物质）。可口可乐公司至今仍然会定期推出新款饮料。

换句话说，以前的变化总是缓慢而稳定地发生，企业每向前发展一步，都会谨慎地为下一次的发展奠定基础。但是，随着行业的日渐增多，变化的速度开始加快，而且也显得很随意，似乎不用付出太多就能累积众多的升级产品。在我看来，这种现象标志着某种产品类别内的行为准则已经消失殆尽。

我用“过度成熟期”来描述产品类别的这个进化阶段。在这个阶段，产品类别内的过度细分、过度升级和过度竞争活动开始变得有些模糊不清。顺便提一下，当我发现在某种产品类别内，变化本身成为一种商品时，在想到未来的时候，我就会有一种想退缩的感觉。

这时再看“天梦之床”这个案例，超越了时间维度去看它，便有了比较彻底的变化。

在威斯汀酒店推出“天梦之床”几年后，希尔顿酒店在旗下所有连锁酒店中推出了“恬静之床”。万豪酒店更是斥资大约 1.9 亿美元，把所有床铺换成了“朝气重拾系列”。凯悦酒店则推出了“凯悦豪华睡床”。雷迪森酒店又推出了“安睡之床”。皇冠假日酒店则推出了“优质睡眠计划”服务。总之，酒店睡床大战已经成为研究“总是要胜人一筹的竞争行为”时所使用的案例。

我经常住酒店。上次在华盛顿的一家酒店住宿时，我必须踩着凳子才能爬到床上。床垫、被子、被套、枕头和靠垫在床上堆成了一个小山，把床都盖住了，整张床看起来很怪异，几乎占据了整个房间。偶尔，我会遇到一些让我对自己生活在 21 世纪这个事实感到很尴尬的事情，这次的经历正是如此。

几年前，《洋葱》[①] 上刊登了一篇文章，描述了可口可乐公司推出的一种新的瓶装饮料，瓶子容量为 30 升，重 274 磅[②]，高 4 英尺[③]，3 位男性才能将它提起来。幽默之所以令人发笑，是因为它基于现实。这篇带有恶作剧性质的文章之所以好笑，就是因为它捕捉到了关于产品升级的一个基本事实：产品升级永远不会停止，即使到了应该停止的时候也不会停。

总会有那么一个阶段，当我们经历之后，就很难对事物产生深刻的印象；也总会有那么一个阶段，当我们经历之后，再多的改进也很

---

① 《洋葱》(*Onion*)，美国一家提供讽刺新闻的组织，该组织以真实新闻事件为基础，杜撰加工假新闻。《洋葱》是美国最受欢迎的幽默讽刺杂志，同时也有洋葱新闻网。——译者注

② 1 磅约为 0.45 千克。

③ 1 英尺约为 0.3 米。

难提供有用的价值。当我们听说非常瘦的人还决定节食减肥，或者已经很健康、很漂亮的人还要做整形手术时，我们绝对不会赞同这种行为。因为我们知道，一旦跃过某个节点，产品升级就失去了意义。

我所在的学校开设了很多经理人培训课程。我在讲这类课程时，都会给经理人讲授过度成熟产品类别的特征。我会描述群体竞争现象，也会指出与无休止的、不断增加的产品升级相关的动态，还会和他们讨论“满足感适应症”和“不同克隆体”的扩散现象，同时也会分析很多案例。比如，洗衣粉是一个过度成熟化的产品类别，运动鞋是一个过度成熟化的产品类别，手机是一个过度成熟化的产品类别等。

我还会谈到为什么消费者是所有产品类别中的赢家。这其中的一部分原因是，产品类别内的产品会随着时间的推移变得越来越好（加法升级）；另一部分原因是，可供选择的产品越来越多（乘法升级）。但我也会提到，现实往往比理论复杂得多。在这么多的产品类别中，消费者的总体满意度多年来并没有提高。事实上，如今距离米克·贾格尔（Mick Jagger）在收音机中高唱“当我看电视的时候，一个男人出现了，他告诉我，我的衬衫能有多洁白”已经过去了 40 年。但作为消费者，我们如今仍然没有得到满足。

也就是说，这些产品类别内的商家基本上没办法再发展下去了。这就是产品类别发展到过度成熟阶段的标志：即使产品类别内的过度竞争活动比任何时候都激烈，产品类别的总体发展速度仍然慢得出奇。

如果你觉得这整个过程让人精疲力竭，那是因为它本身就是如此。而且，相信我，听我讲课的那些管理人员也感觉疲惫，他们对此直言不讳。同时，他们也坦承很想从竞争性相互作用中抽身。有些管理人员甚至认为，我所描述的相互作用只是维持商界运转的商业伎俩的一部分。

你可能会同意这个观点。如果是这样，我的回应要相对冗长一些。所以，我稍后会单独列出一节详细讲述这个问题。现在，我先简单地阐述一下。

商人的难处在于，你很容易就会陷入某个时期。当你发现自己深陷无穷无尽的竞争大战中时，就会很容易忘记，你所处的这个阶段是有历史、有未来的。“有”当然比“没有”要好一些，但是“多”就不见得比“有”好，而“更多”则可能意味着一点都不好。当你陷入某个时期时，你很容易就会忘记这一点。

因此，在商界，学会穿梭时空的本领是很有益处的。因为，如果你是那种能够同时经历过去—现在—未来的人，你可能就会看到，过多的正面因素最后反而会成为负面因素。你可能还会看到，消费者无休止的“满足感适应症”，最终会成为疯狂行为的诱因。而完美的未来和不完美的未来之间的界限其实很模糊。

发展可以使事物变好，但最后也会让事物变坏，这就是关于发展的悖论。

因此，如果说我对你有什么建议，目前来说，我会建议你：把故事快退看一看，还要快进看一看；后退、快进，看看去年、展望明年。试着透过“可供选择的未来可能性”的镜头去预测市场。

第 3 章　应对模糊的产品类别

以前，自我展示就像跳双人舞——我告诉你一些我的信息，你再告诉我一点你的信息。我多告诉你一些，你也多告诉我一些。了解一个人不仅需要时间，还具有一种相互性。交流信息的过程中存在一种很微妙的相互关系。我揭开一层面纱，你也揭开一层面纱。然后轮到我，再轮到你。每次进行新的自我展示，你都会经历最初的了解，之后的熟悉，直到最后的亲密。

但是，互联网莫名其妙地改变了这种现象。只要登录互联网，你就会明白我的意思。Match.com（交友网站）、Facebook（脸书）、Flickr（雅虎旗下图片分享网站）、YouTube（视频网站）等……在这些活跃的超级链接世界里，自我展示完全不受相互性的限制，完全是单方的、主动的，而且还是免费的。写一篇博客就等于参与了一场告白活动。登录 Facebook，就等于主持一场自我亮相派对。看起来科技似乎释放了每个人体内的暴露狂。

很显然，没有什么不能说的，包括日常琐事。成千上万的微博用户不遗余力地向全世界更新他们清醒时经历的所有琐事。看看下面这些最新的微博：

"……我发现，在主要日常开销中，啤酒的开销增加了，当然脏话也多了不少。"

"……在这个数字时代，难道只有我一个成年人在用手写字吗？"

"……一个半小时有氧运动，午饭是瘦肉料理，收到一封邮件，看了儿子的数学成绩，吃了一把 M&M 彩色巧克力糖豆。是不是因为太情绪化而吃得太多了？"

这是一个活跃的世界，因为它看起来很酷也很随意，所以很吸引人。但用户的无所畏惧着实让人感到困惑。请看 MySpace（大型社交网站）中某位用户的资料：

关于我：我非常热爱音乐，最喜欢摇滚乐、独立音乐、原声乐器、非主流音乐、雷鬼音乐和朋克音乐。唯一不喜欢的是乡村音乐。我非常喜欢艺术创作，喜欢画图，也喜欢绘画。我不确定我的眼睛是什么颜色的，老实说，它们的颜色好像总是在变，但大多数时候是蓝色的。我讨厌伪君子，但我认为每个人都有自己的做事方式。我不喜欢在背后说人坏话。平时和别人聊天的时候，我会引用电影对白。

当整个世界变成一个大舞台时，人们就只做"印象管理"这一件事情，现代人做的所有事情都是在回答"我希望这个世界怎样看待我"这个问题。这也是互联网成为商界无价珍宝的原因之一，它已经变成一个公众聚集在一起，向整个世界推销自己的场所。

想象一下，假设每个人每天都要穿一件魔力 T 恤衫上班。T 恤衫上列有我们过去 24 小时内看的所有电视节目 真人秀、倒人胃口的情景剧，以及所有我们没打算看，却坐在那儿看完的节目。第二天，在我们踏进办公室的那一刻，前一天发生的所有令人不快的生活细节都会展现在同事面前。如此一来，可以想象我们看电视的习惯就会多么迅速地发生改变，我们会少看多少电视节目，我们在更换频道时会变得多么睿智。因为我们知道，所有的选择最终都会被公之于众。

当我们的消费行为从私密性转为公开性后，变化的其实是我们的注意力。当我们独自一人消费的时候，我们可以对自己的消费行为毫不在乎，所以也就表现得毫不在乎。但是，一旦我们知道有别人在注意我们，我们就会开始注意自己的消费行为，有时候甚至是非常注意，因为我们知道，自己所做的事情、所穿的衣服、所吃的食物，都有可能成为展示自己的一扇窗户。如此一来，我们就会密切注视自己的消费行为，会以一种在其他时候不会采用的方式进行消费。出门之前，我们会换衣服；与上司共餐时，我们会特别注意饮料的选择；就连在选择忽视某种社交礼仪时——例如，在参加很正式的宴会时穿上最破的牛仔裤，也是一种刻意的、不怀好意的选择。消费行为已经进化成为一种不折不扣的表演。

在网络这个虚拟的公共世界中，这种现象表现得最为明显。踏上这块土地的临时游客，会感觉自己好像无意中卷入了一个全球性展示游戏中：消费行为是身份的象征；人们通过展示自己消费的商品来展示自己。

请看 Facebook 中的一段话：

> 兴趣：我喜欢文身、路虎揽胜越野车、波士顿红袜队、iPhone、UGG 品牌的雪地靴，也喜欢体育锻炼，喜欢喝女士饮料，喜欢纸莎草卡片、橘滋牌女装、丝芙兰专卖店销售的化妆品和哈德森牛仔裤。我还喜欢布兰妮·斯皮尔斯，喜欢古铜色的肌肤。

在上面这段话中，你看到的是一种与传统广告模式背道而驰的宣传模式——用品牌来展示演员，而不是由演员来展示品牌。我们很容易低估这些网络文章背后的深层含义。在浏览 Facebook、Match.com 或 Twitter（推特）时，你要记住，网页上的文字之所以会出现，都是为了塑造某个人在你心目中的印象。像“没有咖啡和匡威帆布鞋，我就活不下去”这种帖子，看似漫不经心，但事实上却并非如此。其实，当提到社交网络这种表演艺术时，有时会觉得它就是一种市场营销方式——每个人都是宣传人员，只不过他们宣传的产品就是他们自己。

请试着登录互联网，仔细观察。消费行为俨然已经成为这一代人的身份外衣。

在我生活的小镇上，孩子们在小学五年级或六年级这个不可思议的时期学会了“风格化消费”这门语言。你可以看到，女孩儿们只穿霍利斯特（Hollister）牌的牛仔裤，而男孩儿们则喜欢穿万斯牌（Vans）运动鞋，不喜欢穿锐步（Reebok）运动鞋。这种现象很奇妙。还没有到青春期的少年群体试着通过接受或拒绝同龄人的消费习惯来寻求身份认同。在这个过程中，他们会成为过度挑剔的购物者（凡是带着自己16岁的孩子购物的父母都会明白我的意思）。但是，父母似乎对这个过程的发生无能为力。显然，这些还在发育的孩子们在释放性激素的同时，也会释放出大量的消费需求。

不过，孩子在经历这个阶段时，并非都处于同一年龄段，也并不一定都达到同样的挑剔程度。但我认为，大多数人都会在某个时期有过同样的经历。成年后，大多数人都会对某些东西特别挑剔。我们喜欢某个高尔夫俱乐部，喜欢某种品牌的汽车，或者坚持使用某种品牌的化妆品。多数人都会对某种东西特别挑剔。

从商业角度来看，这是一个非常重要的阶段。因为如果人们都不经历这样的阶段，大多数企业的营销部门就没有存在的必要。耐克公司2009年之所以会在市场营销和广告领域投资大约20亿美元，就是因为他们相信这些广告可以影响消费者，让消费者对健身服装变得很挑剔。宝洁公司在广告领域投资50多亿美元，也是因为他们相信这些广告可以影响消费者，让消费者开始偏好某种家居用品。

可以这样总结营销的总体功能：营销就是企业努力使消费者对消费品变得挑剔的过程。当然，这个过程需要一系列复杂的商业策略，但其目的却相当明确。

那么，营销经理如何才能知道他们已经成功了呢？最简单的方法就是查看销售数据，查看有多少消费者购买了他们的产品。但问题是，这种方法并不能反映消费者的整体消费态度。你和我可能都主动购买了同一品牌的产品，但这并不意味着我们的购买行为具有同样的意义。你可能是因为习惯而消费，甚至可能是在不情愿的情况下消费，而我则有可能是出于热爱而消费。如果确实如此，就说明我比你更喜欢这种品牌。换句话说，该品牌的竞争对手对我的吸引力可能会小一些。

因此，除了认真研究销售数据之外，营销经理还要注意消费者在公共场合所表现出的品牌喜好——消费者身上穿着哪种品牌的衣服，会向其他人推荐哪种品牌。无论何时，只要我们愿意向他人公开品牌对自己的吸引力，就代表我们与这种品牌的关系非常密切。营销人员应该知道这一点。

从品牌经理的角度来说，如果我们对品牌的热爱与第二种因素有关，那将是非常有利的情形。这种因素就是：我们坚信一种品牌能传达出其他品牌所传达不出的信息，这种信念正是源自我们对产品差异的认真比较。像“如果吃不到布里格姆的薄荷碎巧克力冰激凌，我就会死掉”这种说法，显示出的是消费者对品牌的绝对忠诚。为什么呢？原因有二。第一，这句话显露出的极端热情，代表着一种激情。第二，这句话显露出的极端专一，则代表着专业知识，以及对布里格姆薄荷碎巧克力冰激凌相对于其他品牌独特优势的敏感。

注意，这种专业的差异比较不一定客观、实用，甚至可能是不合理的。我那位疯狂追求时髦的助理只穿雨果·波士牌的鞋子，只戴普拉达太阳镜，只喝法国灰雁伏特加酒。这种对产品极尽苛刻的态度，可能源于他极端主观的想法：这些品牌要比其竞争对手拥有更多的优势。但是，不管怎么说，他的选择依然是以其对所选品牌的已有认知为基础的，也就是说，他对品牌的忠诚是以产品差异为基础的，对于他来说，这些产品差异是确实存在的。

总之，当这两种因素——“激情”和“专业知识”——能够使消费者产生特殊的品牌偏好时，如果将两者结合起来，品牌就会变得更加牢不可破。因为品牌此时会变得不可替代。如果你是一位品牌经理，下面这种情景正是你想看到的——人们不仅喜欢你的品牌，还会觉得这是唯一能够满足他们需求的品牌。

话虽如此，在商界，我敢肯定的事情还真不多。不过，有一件事情我还是能肯定的，那就是获得品牌忠诚变得越来越难。没错，我刚刚用了很长的篇幅阐述了消费者在校园里和 Facebook 上表达对品牌忠诚的各种方法。那为什么我还会说品牌忠诚难以获得呢？

我并不是说品牌忠诚消失了，很明显，它并没有消失。我在上文提到过，多数人都会对某种产品特别挑剔，我的助理喜欢普拉达，镇上的孩子喜欢霍利斯特。我的意思是说，如今消费者对品牌的忠诚似乎比以往任何时候都难以捉摸。而且，围绕着某些华而不实的产品类别，如服装、鞋子和饰品等，人们更容易关注其高调消费行为。一旦将这些产品类别排除，这种情况就变得更为明显，品牌忠诚就很少见了，至少在我看来是这样。

事实上，我敢打赌，对于大多数人而言，在生活中遇到的无法产生品牌忠诚的产品类别数量，要远远超过能够产生品牌忠诚的产品类别数量；我还敢打赌，随着时间的流逝，这种失衡现象会越来越严重。例如，在酒店、小额银行业务和能量棒这些产品类别内，可以毫不夸张地说，每个类别内都会有几十种品牌在竞争，希望获得我的青睐。但是我对任何品牌都没有忠诚度。在饮料和食物方面，小镇上的青少年面临着相当多的品牌选择，但大多数品牌都只能风靡一时。

可能我的记忆有些模糊，但事情好像并非一直都这样。小时候，我的父母对所有家用产品类别内的主要品牌都很忠诚。我们是一个“可口可乐”家庭（不喝百事可乐）。我们买鲜奶油时，只买清凉维普牌的。妈妈很喜欢用玉兰油、草本精华洗发露和柠檬味的高露洁牙膏；爸爸则喜欢索尼电视机、工匠牌工具和施文自行车。我的前男友总觉得自己是上流社会的人，因为他总吃哈根达斯冰激凌。

如今，这些对品牌保持忠诚的人看起来会有点古怪。再次强调一下，我所说的“忠诚”是指以前的家庭对日常生活用品的习惯性热情。我认为，逐渐消失的就是人与品牌之间的这种亲密关系。

而且，并不是只有我这么认为。最近，我参加了一个营销学大会。大会的一个讨论主题就是关于“消费者对产品保持忠诚的倾向已经消失”这一见解。对于引起这种现象的原因，与会人员有很多猜测，有人说是因为营销渠道的扩增，也有人说是因为消费者的变化无常，等等。但对于这种现象存在的基本前提，大家的意见是一致的。

当然，有些产品类别本身就很难获得消费者的品牌忠诚。在这里，我想到两种类别：（1）品牌种类不多的产品类别，比如糖类、铜版纸、加油站等行业。（2）品牌多得数不过来的产品类别，比如餐饮、酒类、图书等行业。你甚至很少听到商人在这些产品市场上提到品牌忠诚，因为这两种因素——品牌太少和品牌太多——很难营造出维持品牌忠诚的环境。

但是，已经发展到过度成熟阶段的产品类别所面临的困境是它们已经退化，进入这两种因素共存的市场里。我在前文中提到过这一点，在谷类食品这个产品类别内，你既可以说所有品牌各不相同，也可以说它们毫无差别，这完全取决于你的态度。运动鞋和瓶装水行业同样如此。

我母亲从来不需要从邮箱里的大量信用卡中选择自己喜欢的信用卡，也从来不用从一大堆不断变化的酸奶品牌中选出一种，并宣誓对它忠诚。当高级冰激凌行业内只有哈根达斯一种品牌时，人们很容易就会成为哈根达斯迷。当市场上充斥着各种类似的产品时，哈根达斯迷自然就会越来越少。从洗发水到洗涤液，我和丈夫习惯性地忽视品牌，这种忽视的程度是我的父母无法想象的。这并不是因为我们和他们有所不同，而是因为我们是在一个完全不同的市场里购物。

一旦群体竞争和过度竞争活动这两种力量开始主导某个产品类别，那么这个类别本身就容不下品牌忠诚了。我认为这就是事实。我所说的品牌忠诚度越来越难获得，说的就是这个意思。我们的周围已经有太多产品类别内的太多品牌已经陷入了这种阻止品牌忠诚的竞争循环。

具体来说，当市场过度成熟时，消费者往往会遇到两种情况。第一种情况是，从消费者的角度来看，市场里的所有过度竞争活动逐渐模糊。前一章提到的鸟群在飞行中的标志性特征就是这种视觉幻象：鸟群看起来就是一个独立的生命体，另外，这种幻象还模糊了个体行为。这种知觉转移同样适用于下述情况：产品类别有了自己的特征，这种特征使类别内个体品牌的特征模糊了。

几天前，我和丈夫一起看足球赛，看到十几条啤酒广告，都强化了其中的男性化比喻。我确定能说出宣传语的大致主题，但却不敢肯定能够把某个主题与某个品牌联系起来。我也知道，所有大型无线服务供应商都推出了很多促销活动，但我却说不出哪个无线服务商推出了哪种促销活动。我还知道，不同的有线电视公司实行不同的付费方式，但我也说不出各种付费方式的详情。

当某个产品类别开始变得模糊，我们通常会对该类别内的情况有个大体印象，包括相关事项、最新竞争策略等。但我们很难把一些详细情况同个体品牌联系起来。我们只见森林，不见树木。

一旦出现这种情况，我们与产品类别的关系，就会和我们与类别内任何品牌的关系类似。这是产品类别发展到过度成熟阶段时，消费者遇到的第二种情况：消费行为变成一个窗口，展示我们对产品类别本身的感觉，而不再考虑类别内品牌的特色。忘掉米勒啤酒、库尔斯啤酒和百威啤酒之间的区别，只要知道啤酒是足球迷喝的一种饮品就可以了。或者，只要知道所有的女性贴身内衣裤都“很性感，很放纵”；所有的保险都是“必要的，但也很无聊”；所有的汽车经销商都“不可信任”就可以了。

请看下面的例子：

> 关于我：我没有巧克力就活不了。我喜欢喝茶，但讨厌喝咖啡。我是公共交通工具的忠实信徒。我没有车，而且很讨厌越野车！我很喜欢用润肤露，但不喜欢使用在动物身上做过实验的护肤品。我从来没有用过香水。

这个例子显示的是消费者对产品类别的忠诚，而不是对品牌的忠诚。越野车与公共交通工具对比；茶与咖啡对比；润肤露与香水对比。在这里，品牌忠诚是多余的，只要描述出与产品类别的关系，就能了解到所有必要的信息。

商人总是更加关注自己的品牌，这一点可以理解。但正因为如此，他们才容易忽视产品类别与消费者的关系有多么根深蒂固，前者对后者具有多大的影响力。如果从波士顿坐火车去纽约，你就会发现，许多人都不会选择乘坐飞机旅行。这是一种对产品类别的抵制行为，这些人抵制的是整个航空业。反之，如果你去参观丝芙兰这样的化妆品公司，你很可能会碰到一群自称是化妆品狂热爱好者的化妆品迷。这是一种对产品类别的皈依行为。这些人迷恋的是整个化妆品行业。

如果我们对某个产品类别特别感兴趣，就会对这个类别内的品牌好奇；如果我们厌倦某个产品类别，就不会去关注这个类别；如果我们迷恋某个产品类别，就会很急切地想要探究这个类别内可供选择的品牌；如果对某个产品类别产生怀疑，就会寻找最便宜或最方便使用的品牌。不管是上述哪种情况，我们对产品类别的态度决定了我们对这个类别内品牌的反应。

如果说，根据某个人对特定产品类别的消费态度就可以了解这个人，这一点都不奇怪。我最好的朋友是高端洗发水行业的品牌专家，但在巧克力方面则是一个很容易满足的实用主义者。这位朋友对汽车更是漠不关心。我丈夫是运动鞋和吉他品牌的狂热爱好者，但只要提到技术产品，他就变成了功利主义者。对于高尔夫球俱乐部，他则完全持质疑态度。

随波逐流的人群对产品类别的态度是可以预测的，比如大多数十几岁的女孩子都喜欢音乐、化妆品、服饰和时尚杂志。而不依照常规做事的人群对产品类别的态度同样是非常规的。我认识的一个 17 岁女孩儿喜欢收集有关著名作家约翰·罗纳德·瑞尔·托尔金（John Ronald Reuel Tolkien）的纪念品，讨厌化妆，拒绝谈论与服饰有关的事情。

无论是上述哪种情况，消费者对总体产品类别的描述就能够传达出足够的信息，这就使得产品品牌的细节变得不再重要。同时，请注意，与传统性格测试法相比，通过个人总体消费行为评估个人整体性格的方法要包含更多人类学和文化因素，只是要以一种不同的、更加形象化的方式去解读。

20 世纪 50 年代末到 60 年代初期，一群艾奥瓦州立大学的学者在埃弗雷特·罗杰斯的带领下，提出了一种关于技术采用的理论［即“创新扩散”（Diffusion of Innovations）理论，后经杰弗里·摩尔（Geoffrey Moore）的书《跨越鸿沟》（*Crossing the Chasm*）得以普及］。该理论指出，有些人天生就比别人更容易接受不成熟市场中的陌生产品。根据人类的这种性格倾向，可以为新上市的产品细分出一个有潜力的市场。这种偶然发现的理论及其倡导的细分方案——包括创新者、早期采用者、早期大众、晚期大众和落后者——最终成为商界的核心词汇，尤其受到新兴行业里创业型企业的青睐。

最近几年，我突然想到制订另外一种捕捉事物另一面的细分方案，可能会透露更多信息。这里所说的事物的另一面是指：面对已经有过深刻体验的过度成熟的产品类别时，消费者对该类别内过度丰富的产品会有什么样的反应。注意，这些产品类别面临的问题并不是缺乏熟识度或害怕创新，而是消费者对产品的倦怠感和质疑。

如果由我来展示这种细分方案的过程，具体如下：

- 我把上文提到过的人群划分为第一类，即：产品类别专家。他们非常喜爱某种产品类别，在选择产品时具有很强的识别能力。但是，这并不代表他们偏好某种特定品牌。他们确实喜欢精挑细选，对产品很了解、很挑剔，但他们同时也追求多样化，喜欢免费试用品。他们是对产品类别保持忠诚，而不是对类别内的品牌保持忠诚。
- 第二类是我所说的“精明的投机主义者”。在某方面，他们和产品类别专家很相似：属于品牌无知型产品类别专家。但投机主义者与产品类别专家的区别在于，他们在消费该类产品时体会不到任何乐趣。投机主义者属于纯粹以交易为目标的消费者，他们对产品类别的态度，几乎可以用“争强好胜”来形容——喜欢打折产品，喜欢讨价还价，喜欢收集小赠品。他们常常会质疑产品类别的现状，对之不抱任何幻想，但仍然会因为利益去认真比较产品之间的差别。
- 第三类就是我所说的“实用主义者”。他们不会去比较产品之间的差异，也不会花费精力了解市场上最新的竞争变化。对于不同品牌之间的差异，他们只会持怀疑的态度。因此，在做出购买决定时，他们会参考习惯、日程、产品的价格和方便程度等综合因素。比较极端的实用主义者则毫不在意产品之间的差异，把所有产品类别都看成是商品。一位心理学家用“消极选择”一词来描述这种特殊的事情处理方法，简单地说，就是面对的选择越多，就越不在乎自己会选择什么。

• 第四类是“不情愿的消费者”。他们确实是不情愿消费该类产品的消费者。他们害怕参与市场，喜欢保持一种产品类别局外人的身份，只是偶尔会别无选择。他们对该类产品的讨厌、不适和陌生感可表现为困惑、沮丧和尴尬。他们迫切地想要逃离这个市场，越快越好。

• 最后一类是“品牌忠诚者”。不管市场上出现多少可供选择的品牌，他们始终会对某种品牌保持着激情。他们坚持使用惠普电脑，坚持吃哈根达斯冰激凌。在过度成熟化的市场背景下，主流消费者会觉得，这些人对品牌的这种忠诚有些奇怪，而且已经过时了。尽管如此，在很多产品市场中还是会存在一些如此固执的品牌忠诚者。

当然，上述各类消费者本身也会包含各种不同的类别：一些实用主义者对产品的不满，会比另外一些实用主义者多一点；一些质疑产品的人对产品的不满，会比另外一些质疑产品的人多一些。但我想，产品类别专家、投机主义者、实用主义者、对产品漠不关心的人或不情愿的消费者和品牌忠诚者这 5 类人群足以涵盖基本的消费人群。

另外，这种细分方案最有趣的地方（或许也是最有用的地方）在于它所透露出的产品类别信息。比如，产品类别内同时出现精明的投机主义者和不情愿的消费者，这是一种很不正常的现象，请考虑一下这种产品类别的数量。航空业就充斥着这两类消费者。航空公司一方面要迎合大量频繁出差族的需求，这些人对这个行业已经不抱幻想，对机票定价系统非常清楚，往往能够以最低的价格换取最多的里程数。另一方面，还要迎合大批不情愿消费的休闲旅行者，这些人在旅行中常常提醒自己，坐飞机有多么让人讨厌。

或者再考虑一下，被投机主义者和实用主义者这两类人群占据的产品类别有多少。手机就属于这个产品类别。这个类别内的消费者在做出消费决定时，既可能会表现得极端精明，也可能不会。但不管怎样，他们明显对运营商缺乏热情。

想想看，实用主义者所占比例每年都在增加的产品类别有多少。大量行业都属于这样的产品类别，包括占据药店整个货架的某些药品。这些都是过度成熟的产品类别，对于这些产品类别，消费者开始怀疑产品宣传中所提到的品牌差异，因此就会表现出“不清楚、不关心”的态度。

快速对比一下这些产品类别10年前的消费群和如今的消费群，就能了解更多信息。如果有人这么做，我认为这些快速对比就会揭示出各行各业存在的一种明显趋势——市场中品牌忠诚者减少的同时，品牌无知者却在增加。

正如我在上文提到的，在商界，我有把握的事情还真不多。不过，有一件事情我还是能肯定的。那就是，品牌忠诚越来越难以获得。具有讽刺意味的是，消费在生活中的作用——无论是作为身份徽章，还是文化语言——从未像现在这样重要过。

比如，我的嫂子就堪称品牌营销人员理想的推销对象。因为对她而言，消费有着很重大的意义。无论是T恤衫，还是鞋子、美发产品、棒球比赛的入场票或者鸡尾酒，她都会依靠对这些产品的消费，让自己的日常生活更具特色，更加丰富多彩。因此，她做消费决策时非常有辨别力和自我意识，同时投入了很多热情。

先让我们看看她是怎样消费的：

- 对于 SPA（水疗美容与养生）产品、伏特加马提尼酒、凉鞋、餐饮业及其他产品和服务，她是一位产品专家。
- 对于音乐会入场票、家具、机票及其他产品和服务，她是一位精明的投机主义者。
- 对于笔记本电脑、酒店度假胜地、租车等，她完全是一位实用主义者。
- 只有在面对饰品（大嘴猴保罗·弗兰克）、化妆品（贝佳斯公主）、手表（玩具手表）和其他少数时尚品牌时，她才是一位品牌忠诚者。

也就是说，虽然她在消费上投入相当多的精力，但很奇怪，她只对有限的产品品牌保持着忠诚。对于各种产品类别，她的消费行为都包含着品牌忠诚所需的两种基本要素——激情和专业知识。但无论对于哪个行业，这两种因素又都与品牌忠诚无关。就好像她具备成为品牌忠诚者的条件，但鉴于当前所面对的市场现状，她很容易接触到一些更好的产品。

在这方面，她并不是一个特例。在我的社交圈里，我至少能想到几十位这样的朋友。他们的消费热情不低于我的嫂子，但只对少数品牌保持忠诚。我认为你也一样。尽管市场上存在大量精明且富有激情的消费者，但品牌忠诚却越来越难获得。面对这种现象，你不得不思考一下哪里出了问题。

第 4 章　逃离集体心态的品牌

这就是目前商界的情况。在前一章，我提出了以下观点：随着某个产品类别逐渐成熟，类别内的企业会逐渐表现出群体化的行为。我还提出，这些企业群体化的发展倾向是可以预测的，其中涉及的产品升级从本质上看千篇一律，而且永无休止。最终，产品类别就会表现出我所说的“异质同质化”：可供选择的产品非常多，但产品之间的差异对于大多数人来说都是毫无意义的。

与此同时，企业的产品营销人员深谙“重复性升级”和“竞争性克隆”这两种技巧，非常擅长强化可有可无的差异，而且还善于把产品的相同之处伪装成差异。他们沉浸在这些伎俩制造出的细微差异中，似乎完全没有意识到自己的宣传缺少表面效度[①]（face validity）。产品营销人员忙着由内向外地体验产品类别。参观挪威沃斯公司时，我震惊地发现，沃斯公司的人居然真的认为自己的矿泉水比其他品牌的味道更好。

---

① 表面效度，心理学名词，指的是从测验题目表面是否容易看出出题人的意向和答案倾向。——译者注

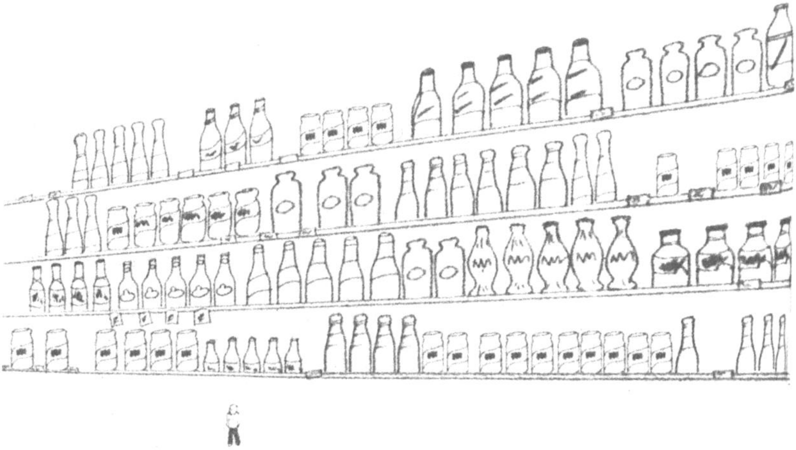

但是，消费者体验产品类别进化的顺序却是由外向内的。随着时间的流逝，他们会只见森林，不见树木。也就是说，他们的消费模式显然是由他们与产品类别的关系逐渐塑造出来的。这种关系可以表现为多种形式，包括质疑性的投机主义、实用主义和完全漠视，但很少以品牌忠诚的形式表现出来。

但是，大多数人在最基本的生活层面体验到的正是最后这种形式——品牌忠诚。一年前我去买电视机的时候，感到很不舒服，因为我看到商店的墙壁上挂着几十个几乎一模一样的平板液晶显示屏。在这样的空间里，我意识到对索尼的那种毕生的忠诚（注意，这可是我童年时期从父母对索尼的忠诚延续下来的）开始瓦解。刚开始，我试图坚持对索尼的忠诚，并向销售人员解释我的品牌偏好。但没过多久，我发现自己居然允许这位销售人员（毫无疑问，他就是一位产品类别专家）用温柔的语气劝说我不要这么天真，不要只买一种品牌的产品。这次短暂的购物旅程结束时，我开始从更实用的角度做出购买决定。就在那个时刻，我成为另外一个产品类别的一名普通消费者，跨越了品牌忠诚者与品牌无知者之间的那条无形界线。

如今，在各个产品类别中，这种时刻会定期出现。因为这种时刻出现的频率非常高，所以不能忽视其累积效应。在某个产品类别的生命周期内，这是一个非常关键的拐点——不仅品牌忠诚开始消失，就连“品牌忠诚”这个概念本身也变得古怪而不合潮流。我还记得，当我努力向销售人员解释自己为什么喜爱索尼电视机时，自己都感到有点脸红。尤其是当我意识到这个产品类别内的品牌已经几乎没有差别的时候，更是感觉脸红。如果品牌忠诚如此难以捍卫，那么它的瓦解就只是时间的问题了。

20 世纪 70 年代有一部比较流行的情景剧，名字叫《欢乐时光》（*Happy Day*）。在播出的 10 年里，它的收视率曲线呈弧形：刚播出的时候非常受欢迎；接下来的几年，越来越受欢迎；然后热播的程度达到顶点；之后就到了不可避免的衰退期。根据相关数据，《快乐时光》的丧钟是在这一幕发生的时候敲响的：主角方兹发现自己陷入了一种很荒唐的境地，被迫要在滑水时从鲨鱼背上跳过去。当看到这一幕时，即使是该剧最忠实的观众，也会纷纷转台。从那以后，“从鲨鱼背上跳过去”[①]（jump the shark）就成为一个行业术语，表示某个电视节目的黄金期毫无疑问已经过去了，即使是最忠实的观众也不会再看了。

我认为，商业领域中所有产品类别的发展，也呈现出相同的弧形

① 从鲨鱼背上跳过去，意思是“过了巅峰期，失去吸引力”。——译者注

发展轨迹：随着产品类别的逐渐成熟，类别内的产品变得越来越好，消费者也随之获得很多实惠。但在某个时刻，产品类别必然会“从鲨鱼背上跳过去”，会经历多次“剧情的迂回转折”，直到消费者再也无法忍受。我上次买电视机的时候，就感受到了这种潮流性转移。在过去的几年里，我在其他产品类别中也感受到了这种转移。你可能也感觉到了。如果你真的感觉到了，说明你和我可能都卷入了一种消费趋势中，我认为如今的商界面临的最大挑战就是这种趋势。

在本书的第二部分，我会对上述论点稍做修正，因为我觉得大多数产品类别都会沿着可以预测的模式进化，直到……直到什么？直到一家企业出现，做出一些难以预料的、反常的事情……最终打破市场竞争和消费的常态。如此一来，这家企业就能够把整条产品类别的发展轨道扭转到一个令人意想不到的方向。

能够吸引我的产品品牌有以下几类：能够诱惑消费者脱离固定消费模式的品牌；能够让实用主义者和对产品漠不关心的消费者多走几步来购买的品牌；能够把不情愿的消费者变为非常积极的消费者，把投机主义者变为品牌忠诚者的品牌。

要做到这些并不容易。正如我在上文提到过的，我们对产品类别的态度深刻地反映出我们对这个类别的固有印象，而这种印象又是我们在体验过很多品牌，经过很多年之后才形成的。因此，很难想象商家要进行多少营销宣传才能说服我们对该品牌有所期待，例如，乘飞机旅行，或签订新的手机资费协议。事实上，大多数手机运营商都会让消费者感觉自己像是被绑架的人质，乘飞机旅行变成一种类似于临时演员等待试镜通知的漫长等待，会让人感觉有损尊严。瓶装水行业同样如此。一旦我们对产品类别产生一系列固定印象，这些印象就会变得根深蒂固，就像是本能反应。不过，还是有一些品牌确实能够彻底打破固有印象，并且赢得我们的热爱和尊重。

多年前我还在读大学的时候，听到了一些关于百老汇兰心大剧院（Lyceum Theatre）一位年轻喜剧演员的传闻。如果我告诉你这位演员就是乌比·戈德堡（Whoopi Goldberg），这个故事就不用讲了，因为她现在可是一位世界知名的女演员，得过奥斯卡奖，性格坦率，在公共场合偶尔会很搞笑。但那时候，她还是一个无名小卒，只出演过一部独角戏。还记得去看她的演出时，我的内心充满期待——我希望这幕喜剧会很搞笑，如果能让我忍俊不禁、捧腹大笑就最好不过了。但结果却出乎我的意料。这场演出让人印象深刻的地方并不在于其幽默搞笑，而在于其辛辣的讽刺。这场戏洞悉民间疾苦、充满人生智慧，偶尔还会令人心碎。那天晚上，乌比的演出有力地融合了表演艺术、对社会文化的洞察，当然也有喜剧成分。不过，她带来的笑声已经不重要。这场演出堪称喜剧领域的一部杰作。

大多数企业在考虑迎合消费者的期望时，总是倾向于沿着纵轴思考。也就是说，他们要么取悦了我们（好事），超出我们的期望；要么令我们感到失望（坏事），没有满足我们的期望。他们忘记了还有一条与这条轴垂直正交的横轴——使企业的产品没有满足我们的期望，但却以一种完全意外的方式与我们产生了共鸣，这条轴也能起作用。乌比的表演虽然没有令我捧腹大笑，但却营造了一种完全不同的心灵共鸣。

同样的道理，前几天和孩子们一起看动画片《猫和老鼠》（*Tom*

and Jerry）时，我被一片瑞士干酪变成一块能飞的地毯，或一枚钻戒变成马戏团里的吊架后又变成一个呼啦圈的场面所打动。动画片能够取悦观众，不是因为它超出了我们的期望，而是因为它让我们的期望变得毫无意义。动画片完全无视自然界的法则。而正因为如此，它们才不用和实景真人剧竞争，从而创造一种现实感。

最能吸引我注意力的品牌是这样的：认为我们的期望无足轻重，就像稻草人一样；意识到真正的挑战应该是使我们的期望与其所能提供的毫不相干；以创造一种与我们的期望完全不同的现实为己任。

有趣的是，这么做并不代表这些品牌必须比市场上的其他品牌“好”或“差”，只是说它们与其他品牌是有差别的——与自己的消费者建立一种不同的关系，可以从群体中脱颖而出。这些品牌正是证明我在本书开篇所提观点的绝佳例子：差异化并不是竞争的结果，而是要完全脱离竞争。

在接下来的章节中，我会提到一些国际知名品牌，我确信你很熟悉这些品牌。我还会提到一些你可能从来都没有听说过的小品牌。这些品牌的共同之处在于，它们都是我所说的“创意品牌”（idea brands）。这些品牌能够脱颖而出，依靠的不是有形的传统市场调研，而是一种难以确定的因素：相信可以用与众不同的方式做事的洞见。

如果你买过房子，你就会知道买房者通常要做出这样一个重大的决定：是买一套房子，翻新后居住，还是买完房子后，把房子拆掉重新盖一栋新房。翻新房子只需修补房子的表面，地基和基本布局可以完全不变。但拆掉房子就不同了，意味着要从一片空地开始。这会令人紧张不安，因为你面对的是无限的自由。但是，正因如此，这种选择也意味着一种解放，一种完全的自由。

我将要介绍的创意品牌正是代表着拆除重建这种选择。这些创意品牌提供了一种关于产品类别价值定位的全新思考。也就是说，它们的存在不在于大量的概念性启发，而是要有人真正坐下来，思考一栋与众不同的房屋到底应该是什么样子的。

在过度成熟化的产品类别中，概念的启示作用在逐渐减弱，企业的精力完全耗费在竞争上，连尝试创造灵感的心力都没有，想到这里就会让人感到沮丧。我之所以能被这些创意品牌吸引，还有另外一个原因：这些品牌隐藏着一种我认为会越来越罕见的东西。在发展过程中的某个时刻，这些品牌背后负责创意的人员需要在理念上有所突破，此时，竞争并不是好事。因为这些人员成功地将灵感付诸实践，带来的改变不亚于产品类别的转型。

如今大多数企业所处的市场都竞争激烈，所以要做到与众不同就变得更加困难，而坚持一种倾斜化的价值定位，或冒险制订一种使企业远离平均标准若干个平均差的定位策略也是非常困难的。我完全承认这一点。

同样，要制订出一种既能破坏市场，又能保证消费者和股东受益的策略也是很难的。这一点我也承认。但是，“破坏”这个词通常意味着摧毁和违背现状，而我将要介绍的创意品牌带来的却是创造性的破坏，它们属于有目标的行业反叛者。

也就是说，这些品牌在破坏的同时，也在创造；在瓦解行业的同时，也在做建设性的工作。在这个过程中，它们试图把一种不符合现实的情况变成现实。只要你仔细想一想，就会觉得这些不符合现实的情况或者非常疯狂，或者是一种堂·吉诃德式的空想，抑或两者都是。但反过来说，正因如此，我才觉得这些品牌值得研究：它们至少在努力尝试用不同的方式推动事物向前发展。它们试图通过“另外一种未来可能性”去预测市场。

当然，因为存在选择性偏差，所以把某些品牌作为所有产品的正面范例也是有问题的。是否是著名品牌，往往是非常个人化的，也就是说，判断著名品牌的唯一合理依据，就是偶尔体验过该品牌的消费者。换句话说，在“是什么让某个品牌受到赞扬”这个问题上，我和你都不是专家。如果我擅自推测，那我可有点狂妄自大了。

但是，请记住，我的目的是要展开讨论——不仅要讨论“在当今时代，差异化到底意味着什么”，还要讨论“为一群对产品感到厌倦、悲观和厌烦的消费者提供他们认为特别的产品到底意味着什么”。我特别挑选的品牌与其他品牌唯一不同的地方是，它们能让我思考。我不一定会“喜欢”这些品牌，也肯定不会去买所有这些品牌。但我看到，它们已经成功地触动了一部分人群的心弦，正是这一点吸引了我。因此，我决定把它们当作引子展开讨论。

我尝试使用一系列章节和标记，把这些品牌放在一起讨论。但总体上看还是有些松散和随意。我所使用的标记和分类绝对不是权威的，也不一定正确，我只是希望用这些方法来分析，运营这些品牌的企业是如何成功地与竞争对手保持差异化的。

最后，我还要说一点。大部分的商业核心都非常容易瓦解，这一点很明显且毫无疑问。最能体现这一点的就是我提到过的庞大竞争群体。不过，好的一面是，如今的市场为异类的出现提供了一扇机会之窗。毕竟，为了让反叛者出现，首先还是要确立反叛者反对的目标。正如动画片从与真人剧的差别中获得了力量一样，我希望你能看到，创意品牌也能从它们试图破坏的事情中获得力量。从一种比较奇怪的角度来说，我将要讨论的企业是这样的：它们的存在正如良药是为了治愈疾病而产生。

哈佛商学院最受欢迎的营销课

Different:
Escaping the Competitive Herd

第二部分　不参与竞争（庆祝）

第 5 章　逆向战略品牌

一种新技术的应用往往能谱写出辉煌的历史新篇章。1995 年，我还是加利福尼亚大学的一名研究生，浑然不知周围的世界马上要发生重大变化。变化的发生完全没有预兆。我刚买了一台笔记本电脑，一个朋友就告诉我，我应该下载一个“网景”浏览器，然后用它登录互联网。她告诉我：“你先从输入‘Yahoo’（雅虎）开始吧。”

那时，我们还在用“计算机网络信息空间”、“信息化”和“信息高速公路”这些拗口的词语描述网络。而且，大多数人只知道登录互联网时必须通过雅虎、美国在线、Excite（搜索引擎）和 AltaVista（远景公司，美国著名的网络公司）之中的一个门户网站。有意思的是，我们几乎都不知道要上网做什么，只知道网络世界里有大量的信息。如果想进入网络世界，就需要有一位领路人。如果你愿意，也可以说是一位虚拟牧羊人。而搜索门户恰恰充当了这个角色。他们承诺：当我们冒险进入混乱的信息海洋中时，牵着我们的手，指引我们向前走。

对于我来说，所有事情既从雅虎开始，又从雅虎结束。我刚开始使用雅虎网站时，它还是一个婴儿，刚成立没几年，还在探索自己在网络世界里的道路。但是，随着我的网络经验的增长，雅虎也在成长。或者反过来说——随着雅虎的成长，我的网络经验也越来越丰富。

首先，雅虎在主页上添加了新闻标题。之后又添加了股票行情和最新体育赛事比分显示。然后又添加了天气预报、个人信息、电子邮件、拍卖活动等功能。主页上每增加一项新功能，一个崭新的网络世界就会呈现在我们面前。之后，主页上又添加了游戏、在线分类信息、日历服务、旅游信息等功能。雅虎几乎每天都会添加一项新功能，网民每天都能享受一种新服务。再后来，主页上又增加了招聘信息、星座和娱乐信息等内容。这是一种以超高速发展的加法升级。因为所有的搜索门户——Excite、AltaVista 和美国在线——都卷入了这股浪潮，没过几年，所有搜索门户网站都进化成了在线自助餐，为网民提供丰富的信息和服务自助餐，如下图所示：

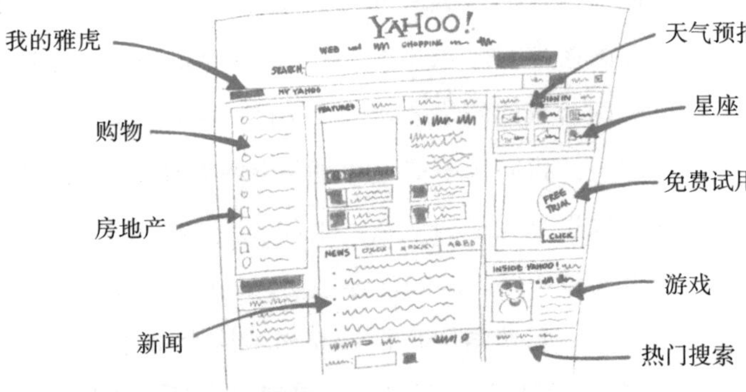

这些公司不仅为其所在行业设定了竞争速度，也为网民提供了一种获取网络信息的标准方法。如果说人们在某个阶段会很容易成为预言家，即很容易预测“未来的门户网站”是什么样子的，那就是这

个阶段，因为产品类别的演化轨迹在这个阶段是最清晰的。显然，我们正在向这样一个未来迈进：所有主要的门户网站会提供无穷多的主页，会有更多的功能与服务。与“今日的门户网站”相比，“明日的门户网站”的规模会更大，内容会更好，看起来会更热闹、更嘈杂，信息出现和消失的周期也会越来越短。同样，与“昨天的门户网站”相比，“今天的门户网站”也是如此。

但是，当一种新兴事物出现后，这种远景就开始遭到质疑。这个新兴事物就是谷歌（Google）。

如今，谷歌已经成为我们日常生活的一部分，我们很容易忘记它最初的形象带给人们的震撼。我们感到震撼的地方，并不在于它能做到的事情，而在于它做不到的事情。谷歌参与门户网站竞争的时间比较晚，它的主页不只是“简单”，简直就是“光秃秃的”，是“赤裸的”，完全没有提供任何信息。如果说雅虎为我们提供的是一片海洋，谷歌为我们提供的则是一块光秃秃的石板。它的主页只有一部分：带有一个搜索按钮的输入框。

当时，大多数普通用户还没有意识到谷歌是故意这么做的。从创立伊始，谷歌就有意识地致力提供简单清爽的主页，即使这样做意味着拒绝提供消费者期待中的门户网站服务。网站上没有新闻，没有天气预报、股票行情、购物信息，也没有任何图片和有趣的图案，几乎什么都没有。换句话说，当谷歌的主要竞争对手——雅虎、美国在线等公司——正准备挂第五挡的时候，谷歌进入了这个行业，把整个行业引向了相反的方向。

谷歌属于我常说的“逆向战略品牌”，这是一种特殊的创意品牌，打造这些品牌的企业故意对抗产品类别内的升级趋势，而这种升级又是消费者所期望的。也就是说，对于行业内其他企业认为参与竞争所必须提供的那些服务，它们坚持不提供。在其他品牌说“是”的时候，逆向战略品牌偏要说“不”，而且态度坦然，一点愧疚感都没有。

请稍稍思考一下这种行为背后的含义。在商界，尤其是营销界，不能满足消费者的期望可是最大的罪过。因此，如果企业决定不提供消费者所期待的服务，势必会在短时间内引发众怒。这正是“逆向”这个概念违反商人本性的原因。当整个行业向北走的时候，你却决定向南走，这可不是一件小事。

事情还不仅如此。大多数“光秃秃”的品牌通常都是市场上的低端品牌。正如你所知道的，就是那些基本上得不到行业内高端品牌尊重的弱势折扣店，像 6 号汽车旅馆、零售公司 Kmart、家具折扣店 Bob’s Discount Furniture 和折扣连锁店 Family Dollar Stores 等。

不过，逆向战略品牌依靠第二种冒险方式逃脱了这种命运。它们在“光秃秃”的价值定位基础上又增加了一些出人意料的奢华因素。也就是说，这些简单的产品周围环绕着一圈它们所特有的光环，而正是这些颇具灵感和创意的特性造就了这些企业在行业内的独特地位。

再看一个例子。快速回忆一下十几年前的航空业，你就会发现，当时有相当多的乘客已经习惯了几家主要航空公司提供的一系列服务，包括所有航班上都有免费餐、任意选择头等舱或商务舱，以及多套价格体系，比如预订双程机票的费用就比只购买单程机票要便宜。

但到了 2000 年，捷蓝航空（JetBlue）成立，它无理地取消了这些服务。于是，免费餐没有了，头等舱和商务舱也取消了，双程往返机票的折扣也没有了（捷蓝只提供单程机票）。

但同时，在基本价值定位的基础上，捷蓝又增加了一些奢华服务，大多数人是不可能把这些服务与廉价航空公司联系起来的。这些服务包括：豪华真皮座椅；个人娱乐设施和卫星电视；保证不会让所有乘客在旅途中感到颠簸或受到冲撞。

逆向战略品牌商家是这样做的：拿走我们希望得到的东西，然后提供一些我们意想不到的东西。其他商家说“是”的时候说“不”，其他人说“不”的时候说“是”。最后结果是逆向战略品牌商家彻底颠覆了我们的价值观。

同样，谷歌也提供给我们一些宝贵的东西。它对大众最慷慨的地方或许在于，其主页上完全没有广告。在谷歌出现之前，这个行业里有这样一条不成文的规定：要想得到免费上网服务，就要付出代价——接受广告繁多的网络环境。企业认为这种代价是理所当然的，用户也同样这么认为。

鉴于此，谷歌带给用户的纯净化网络体验几乎是一种自我放弃。打开谷歌主页，就像走进了一家超级奢华的精品屋，即使是最小的商品都放置在干净而崭新的货架上。节制中自有高雅，谷歌似乎明白这个道理。它让用户体验到了一种宁静的网络环境，这在其他网站上是无法体验到的。

谷歌的主页还提供了一些不易察觉的奢华功能，其不易察觉的程度类似于旁白。这些功能包括：以闪电般的速度显示搜索结果（甚至还会显示一次搜索能花费多少毫秒），以及根据不同的节日不断变化的公司标志。这些在基本价值定位基础上添加的功能没有让我们陷入过剩的服务中，而是提高了公司的辨识度。

逆向战略品牌还会这么做：在撤销一些服务的同时，提升了服务质量；在简化的同时，让事情变得更美好。这样做的结果就是，最基本的服务和最卓越的服务结合在一起。最初见到这样的结合时，你可能会感到有些奇怪，有些陌生，甚至还有些不安，但这种结合绝对是与众不同、独一无二的。

事实上，20 世纪 90 年代末期，雅虎、美国在线和其他门户网站都宣称自己与其他网站有很大不同，但其价值定位在本质上是一致的。美国达美航空公司（Delta）、美国航空公司（American）和联合航空公司（United）同样如此。他们也宣称自己与其他航空公司有很大差异，但其价值定位在本质上也是一致的。谷歌和捷蓝航空进入各自的领域后，把一系列独特的因素结合在一起。因此，当竞争对手仍然在聚集成群时，它们成功地脱颖而出。

在商界，企业很容易陷入这种惯性思维：要想做得更好，就要多提供 些产品或服务。例如，企业很容易就会认为，要想提高洗衣粉品牌的竞争力，只要多添加衣物柔软剂，或者几种不同的香味即可；或者会很容易认为，要想增强航空公司的实力，只需要为常飞旅客再增加一些服务，或引入一些不同的价格选择体系即可。

在某些方面，这种反射性的本能是值得赞扬的。很多时候，如果你看到某个企业不断地调整自己的价值定位，不断精益求精，就代表这家企业正在努力成为行业翘楚。像丽嘉酒店、美国零售巨头诺德斯特姆（Nordstrom）和四季酒店等企业就非常在乎顾客的需求。他们一直为拥有这样的经营理念而感到自豪：不管做得多好，始终都会有并不 100% 满意的顾客。这种理念成为这些企业的动力，促使其努力为顾客提供更好的服务、更好的产品和更好的品质。

如果说，产品升级包含了一则寓言，那它就在警示我们：精益求精可能会导致平庸。我们在前一章中也看到了这种现象。如果镇上的所有饭店都提供美味可口的自助餐，那么早晚有一天，任何一家饭店都不会给顾客留下独特而深刻的印象。

这就是“逆向”这个概念与传统的商业直觉格格不入的原因所在。一个“逆向”定位的企业会拒绝产品升级，这并不是因为它不在乎顾客的需求，而是因为它的经营是建立在逆向理念基础之上的：既然产品类别已经高度成熟化，可能就会有很多顾客对产品过度满意，也就是说，顾客获得的过量服务其实并不是他们真正需要的。这种理念促使企业制定合理的价值定位，而不是继续给顾客提供更多服务。

当然，顾客过度满意并不代表他们就会购买传统、简单且低端的产品。顾客或许不希望什么东西都买，但这并不代表他们在买不到他们想要的东西的时候还会很开心。因此，逆向战略品牌尝试着调配出一种看似不可能存在的混合物，这种混合物中会少一些东西，同时也会多一些东西。这些品牌希望能够把我们习惯认为不会共存的因素混合在一起，创造出一种共存状态。这些公司的想法就是，在制造矛盾的同时，还要创造和谐。

再看这个例子。想象一下，你刚刚结婚，和爱人一起站在一家很有特色的家具店中央，比如伊森·艾伦（Ethan Allen）或约旦家具公司（Jordan’s Furniture），要购买你们的第一套客厅家具。虽然要买客厅家具了，但你的心情并不好。实际上，你是一位典型的不情愿的消费者。而且，不仅你情绪不佳，你的爱人从走进家具店开始也没有露过笑脸。现在，你感觉家具店的所有人都好像心不在焉，好像每个人都是不情愿的消费者。

其实，你的遭遇正是家具行业专家多年来早已熟知的现象：美国人很讨厌购买家具的整个过程。如果你是一位典型的美国人，你窝在沙发里的时间绝对会大大超过在车里的时间；你更换餐桌的频率与更换爱人的频率也差不了多少——大约一生中只会更换 1.5 次。

不过，值得赞扬的是，当地的家具零售商都意识到了你的不快。因此，他们使出浑身解数，努力让你在购买过程中感到愉快。他们增添产品数量，让你可以在大量的、丰富的家具中做出选择；他们的店里有很多销售顾问，可以帮助你想象和设计新客厅；他们还提供送货服务，可以把你买下的家具直接送到你家。最重要的是，他们很清楚，在购买家具后的短时期内，你不会再购买家具，不会再重复这样的购买过程。所以，他们保证，他们出售的家具结实耐用，可以陪伴你一生——“这将是您购买的最后一套家具”。

但有意思的是，当你站在家具店里，所有这些升级服务都不会让你的态度有丝毫改变。相反，增加服务可谓商家在自断其路。你会发现，你会因为大量选择而恼怒；那些笨手笨脚的销售顾问让你感到很恼火。而且，你还讨厌选择一套可能一辈子都摆脱不了的客厅家具，这对于你来说可是一种负担。

产品升级中蕴含着一种违反商家初衷的逻辑，即它不仅没有提升消费者的满意度，反而降低了消费者的满意度。对于企业来说，能证明这种反逻辑的最确切的迹象就是，企业的优点对于顾客来说反而是缺点。你安排一群销售顾问围着顾客，帮助他们选购，他们会感觉自己受到了打扰；你的主页上有新闻、天气情况、体育赛事，以及各种其他信息，顾客就会抱怨信息过于杂乱，页面加载太慢；你在飞机上提供免费餐，顾客会告诉你，这些免费餐难吃极了。这就是“治疗”反而演化为“疾病”的典型情况。

我撰写过很多著名的企业案例，北美宜家（IKEA North America）就是其中之一。我估计你对这个品牌应该很熟悉。根据相关部门的统计，宜家是全球最著名的消费品品牌之一。

大多数全球知名品牌的知名度是以企业的一系列优势为基础的，即它们为消费者提供的优质产品。但宜家这个品牌令人困惑的地方在于，它有意识地依靠一系列劣势——故意不为消费者提供一些服务——提高了自己的知名度。如果在大街上任意拉住一些行人，问他们是否听说过“宜家”，大多数人会这样回答：“是不是让你自己把家具运回家，然后自己组装的那个家具店……”从创立伊始，这家企业就对自己能做到的事和不能做到的事都感到相当骄傲。

事实上，宜家进入美国市场后，它所坚持的价值定位在这个行业里可谓荒谬至极。尤其在面对其他特色家具店提供的大量便利服务时，这个定位就显得更加荒谬。宜家家具的种类很少，最初只包含 4 种基本风格：北欧风、现代风、田园风和新式瑞典风。它也几乎没有提供任何购物协助：店面的设计很独特，很明显就是鼓励顾客在空荡的空间里自己选择家具，不需任何导购员帮忙；不提供家具配送和组装服务，也就是说，顾客不仅要自己把家具运回家，还要自己组装家具；甚至不承诺家具耐用。企业公开承认，他们的家具不可能使用一辈子，而且还鼓励顾客把家具看成是非耐用品，几年之后就要换掉。

但是，宜家提供了另外一些吸引人的服务，证明其名不虚传。在宜家购物时，顾客可以把孩子托管在一个精心设计的、隶属宜家的日托中心，还可以在一个小餐厅里吃午餐，里面提供熏鲑鱼、越橘馅饼和瑞典肉丸等各种美食佳肴。另外，顾客还可以购买除家具之外的其他物件，例如各种颜色的家用器皿、设计精巧的玩具等，这些在其他家具店是买不到的。总体而言，宜家避开了大多数廉价家具店那种仓库式的沉闷气氛，营造出一种愉悦、轻快、超现代的购物风格和购物感觉。这种欧洲风的“娱乐式零售”环境所拥有的购物选择虽然有限，但却展现出一种独特的北欧风格，传递出一种整齐匀称、简单朴实和不做作的感觉。

宜家之所以能够成为逆向战略品牌，原因在于：它在减少服务的同时，也为我们提供了更多的服务。它把一些我们习惯性认为不会共存的因素成功地结合在一起。是的，它就是一个自相矛盾的品牌，但却极其适合那些自我矛盾的消费者——那些难以取悦且已经过度满足的消费者。

事实上，如果非让我说出宜家拥有如此独特吸引力的秘诀，我会说：宜家发挥了无须内疚的矛盾的优势。它对顾客既吝啬，又慷慨；它会对顾客说“是”，也会说“不”；它在简化服务的同时，也让事情变得更美好；它偶然发现了一种辩证法，然后神奇地让它发挥了巨大作用。

“过度满足”这个概念只适用于产品和服务过多的世界。我常常告诉学生们，刚刚进入飘飘欲仙的满足感中时，人们就会感到麻木。在我们所处的文化中，成熟化消费的特征是：消费者在很长时间内无法对产品产生深刻印象。

对于企业来说，这种现象的可怕之处在于，即使企业可以提供这个世界上的所有升级服务——包括丰富美味的自助餐、大批导购人员、塞满各种信息的网络主页，消费者也不一定会买账，至少在很长一段时间内不会。满足感会带来一种不好的效果——所有东西都没有吸引力了。

但这种现象反而会带来一种诡异的结果：在一个产品和服务饱和的世界里，减少一些服务，反而会获得消费者罕见的欣赏，只要这种减少是经过深思熟虑后实施的。当人们习惯了过度拥有时，一旦他们认为理所当然存在的事物消失了，他们反而会非常享受。

实际上，去一趟宜家是很麻烦的。首先，开车去通常要花费一到两个小时（美国只零散分布着十几家宜家店）。然后，选家具、装车、卸家具这些过程差不多要耗费一天的时间。另外，卸完家具后，你还要面临组装家具这项非常具有挑战性的工作。组装完之后，你可能也经不起在一两年后再把这套家具运输一次，毕竟宜家家具并不结实，你不得不怀疑它们能否经受得住第二次运输。

不过，关于宜家现象，我发现有一点很有意思：当宜家的拥趸（相信我，确实有很多这样的人）捍卫这个品牌的时候，不仅会热烈赞美其优点，还会努力使其缺点合理化。他们承认去一趟宜家很麻烦，但他们会努力说服你。他们会说去一趟宜家就是一次“探险，一次冒险”；他们也承认要花费很多时间才能完成购物，但他们会说在宜家买家具，感觉“就像在迪士尼乐园里”游玩；他们还承认家具组装过程沉闷乏味，但当你质问他们家具根本不结实的时候，他们会微笑着告诉你，不必长时期使用同一套家具是一种“自由”。

上文所述的就是一种罕见的品牌魔力——一种顾客心声，能够把品牌的缺点转化为顾客眼中的优点。宜家在某种程度上成功地扭转了被宠坏的顾客对这个行业的设想。顾客在购物过程中，虽然很辛苦，但却能感觉到商家对他们非常关心。

对于商人而言，如果在“宠坏顾客”和“满足顾客”两者中间有一条明显的界线，就会方便很多。但宜家这个案例说明，现实生活中这条界线是模糊不清的。当然，顾客在被宠爱的同时，也会感到满足；但是，剥夺同样也会让顾客产生满足感，只要这种剥夺对于他们来说是有意义的。高档 SPA（水疗）服务就常常利用顾客的这种心理，在“剥夺”服务的同时，也在“宠爱”顾客。

逆向战略品牌能够反映出其所处时代的消费文化，因为其价值定位中隐藏着一种新的认知，即：在一个过度升级的世界里，如果不做适当的削减，企业就会显得自以为是。所以，逆向战略品牌剥夺了一些东西，又给予顾客一些令人惊喜的宠爱——能够让顾客的味蕾苏醒的东西。

加利福尼亚州有一家逆向定位的汉堡包连锁店，名字叫“In-N-Out”。与其竞争对手不同，这家店不提供“开心乐园餐”、儿童菜单、沙拉和甜点，只提供 6 种食品，在过去的 10 年里一直如此。不过，在这些表象下隐藏着这样的事实：菜单上的每一份食物都是现场制作的，而且使用的都是新鲜的食材（没有经过冷冻）。“熟悉内幕”的顾客可以点“秘密菜单”上的食品，这个“秘密菜单”没有公开，顾客只有通过口口相传才能知道上面的内容。什么样的餐馆不会向顾客公开自己所提供的食物种类呢？“In-N-Out”就是。在一个充满实用主义者和以投机消费闻名的行业里，“In-N-Out”的顾客毫无保留地表现出了自己的狂热。

这么说一点都不夸张。几年前，第一家 In-N-Out 汉堡包店在犹他州开张。当时，一位当地记者走进店里，想看看这家店到底有什么了不起。结果他发现，在众多的顾客中，有一群来自杨百翰大学的学生，他们开车行驶了500多英里[①]到这家店，就是为了吃一顿午餐。2006年，名媛帕丽斯·希尔顿因醉驾被捕，事发地距离In-N-Out汉堡包店只有几个街区。事后，她在好友瑞安·西克莱斯特（Ryan Seacrest）的电台节目中说："我当时真的很饿，很想吃一个In-N-Out汉堡包。"来这里的顾客常常炫耀自己为了吃一个In-N-Out汉堡包情愿等待的"长度"——走多远的路，排多长的队等。有些顾客甚至在手机和掌上电脑上安装了"In-N-Out探测器"。

In-N-Out汉堡包店、宜家家具、捷蓝航空这些品牌有一个共同点：它们能够赢得所有类型顾客群中最难赢得的那一个群体，也就是自愿成为品牌宣传大使的顾客。但是，这并不代表实行逆向战略的品牌能够得到所有顾客的喜爱，所有价值定位明确的品牌都不可能做到这一点。这只能说明，虽然在这些品牌所处的行业里已经很难寻觅到品牌忠诚者，但在其周围确实围绕着一群数量惊人的忠诚者。

当你把某些服务从自己的价值定位范围中剔除后，从某种意义上说，你的价值定位就更加具体了。你去除了一些无关的服务，目的是为了让顾客对一些最基本的服务产生新的认识。正是因为这个原因，实行逆向战略的品牌才有了极高的品牌清晰度。

不过，你很难对逆向品牌分类。它们过于简化，称不上是典型的高端品牌；它们又比低端品牌好得多，所以也算不上是低端品牌。它们拒绝为自己定型，任何形式的定型都不可以。这只能说明，在充满一致性的行业里，这样的异类会有磁石般的吸引力。

---

① 1英里约为1.6千米。

我们总是认为，历史的进步是一步步积累而成的，其过程就是一种前进运动。但逆向战略品牌提醒你，事实并不尽然。历史的进步也可以通过一系列的发展式逆转完成。未来的电视机按钮可能比现在还多，但也可能比现在少。未来工具的使用期限可能比现在的长，但也可能是一次性的。

如果你在20年前预测，在未来的产品类别中，唯一能培养出热心忠诚者的品牌，是那些在很多方面都会让人感觉麻烦的品牌，我可能会觉得你是个疯子；如果你在10年前预测，未来排名第一的搜索类门户网站会是一个主页上提供最少信息的网站，而且该网站还以此为傲，我可能会觉得你是个傻子。

但是，这两种猜测如今都变成了事实。这表明，在消费偏好这方面，我们未来的偏好可能会从当下的过度拥有表现出来。只有在面对大量的选择时，我们才会在这些选择被剥夺后感受到自由；只有对售后服务感到窒息时，我们才会在这些服务消失后产生感激的心情；只有当“多”变得司空见惯时，人们才能察觉少的可贵。

正因为如此，从理论上讲，逆向战略看起来与发展背道而驰。这一点颇有讽刺意味。如果某个品牌看起来与现有产品类别的发展趋势背道而驰，很明显，它否定了该产品类别近年来取得的进步。从更普遍的意义上说，它本身就是在抵制发展。但时至今日，我们很清楚，实行逆向战略的企业其实是在尝试一些更具启迪性的经营方法。这些企业在尝试打一场表面上看是在倒退，但实质上是在前进的战役。它们的逆向战略其实是早开的远见之花。

在逆向操作的过程中，这些品牌把竞争对手逼到一个颇为不适的位置上，让对手不确定是否应该后退一步。事实上，如果认真观察其竞争对手，你就能看到，竞争对手头上正在冒着一些思想泡泡，比如，“嗯……或者我们也应该把票价系统简化……”“或许我们也应该考虑简化网站……”。对于企业而言，陷入防御状态从来都不是什么好事，但这样的事情恰好正在发生——逆向战略品牌逼迫同行重新评估自己的价值定位，使它们陷入了防御状态。

大约 10 年前，克里斯托弗·诺兰（Christopher Nolan）导演拍摄了一部惊悚悬疑电影，名字叫《记忆碎片》(*Memento*)。这部电影讲述的是关于一个患短期失忆症的男人的故事。电影最令人叫绝的地方就在于，它采用倒叙的手法展开情节，场景与场景之间以倒叙方式连接在一起。然而，这部电影却带来了一连串令人吃惊、令人意想不到的启示。最近，我又看了一遍这部电影。在看电影的同时，我突然感觉逆向战略品牌也是这么做的。他们虽然在逆向发展，却给人们带来了很多启示。

日本电子游戏公司任天堂在 2006 年推出游戏机 Wii① 时，游戏机大战已经进入白热化阶段，每一代游戏机问世，都会掀起游戏机行业里新一轮的“军备竞赛”——处理器的速度要更快，存储能力要更强大，图像分辨率要更高。但是，任天堂退出了这种竞争，推出了一款新的游戏机，它提供的功能比玩家的预想要少得多，但同时也提

① Wii，一款家用游戏机，第一次将体感引入了电视游戏主机。——编者注

供了更多让玩家没有预想到的功能。结果，任天堂带来了一种启示，一种令人吃惊、完全出乎意料的启示。

只要出现一家企业，就能改变整个产品类别的进化轨迹；只要出现一家企业，就能够改变我们对未来的预期。只要把一个弹珠扔到一个平面上，它会沿着一条可以预测的直线向前滚动……直到某个物品出现，让整个平面倾斜。10 年前，谷歌网站这么做了——它的出现让一个平面倾斜了。宜家出现了，也做了同样的事情。捷蓝航空和任天堂的 Wii 游戏机也做了同样的事情。

这样说或许更恰当一些：逆向战略品牌使很多平面——发展的平面、进化的平面和期望的平面——倾斜了。这些品牌在我们没有预料到的地方施加了压力，把我们带到了一段截然不同的道路上。

最后，我要提一种现象：宜家是一个“倾斜”品牌，谷歌是一个“倾斜”品牌，In-N-Out 汉堡包店也是一个“倾斜”品牌。这些品牌的问题在于，它们天生就是倾斜的，而这意味着它们要常常承受向全能方向发展的压力。如今，对于顾客提出的配送和组装服务等要求，宜家尚能应付自如，同时它还在竭力寻求在不破坏其价值定位纯粹性的前提下应对顾客要求的方法。如今的谷歌则成长为一家比较复杂的企业，为用户提供多种在线产品，同时也在竭力寻求一些方法，保证在为用户提供多种产品的同时，不违背其简单清爽的品牌定位。那么，这两个品牌——不用提本章提到的其他逆向品牌——能否在前进的路上成功化解这些压力呢？让我们拭目以待。

但是，我不会因为这个原因就认为这些品牌是失败的。多年以来，通过观察这些品牌的经营过程，我也学到了很多知识。我发现，正是因为这些企业的起点与竞争对手完全不同，他们才能够享受这么多年独特的差异化。在一个充斥着盲目模仿的世界里，这可是不小的成就。

第6章　超越行业的品牌

问你一个问题：如果你拥有一个家用机器人，你会让它做什么？

关于这个问题，我最近问过很多朋友。一个朋友说："我要让它用吸尘器清扫房间。"另一个朋友则说："我要让它帮我洗碗。"还有"让它帮我修剪草坪""让它帮我发邮件""让它帮我清洗厕所"等答案。

这个问题有趣的地方在于它有一个前提。我们都"知道"什么是机器人，所以我不需要解释什么是机器人，也不需要解释机器人是什么样子的。对于"机器人"，每个人的心里都有一个相同的原型。如果我让你把机器人画出来，你画出来的应该和我画出来的很相似。

但考虑到我们在现实生活中并没有见过机器人，这件事就显得有些奇怪了。在软件行业，"雾件"这个术语指的是一种已经发布，但尚未生产的产品。机器人就是一种最高级的雾件。它们根本就不存在（至少没有以我们想象中的那种形象存在），但却已经以各种不同的方式被推销给我们——通过电影制片人、科幻小说作者等。结果，这种产品类别（机器人）虽然在家里不存在，但在我们的大脑中却已经存在了。

我想说的是：如果我有一个机器人，我想让它兼任我的家庭仆人和个人助理。我要让它帮我上菜、帮我清扫房间、帮我制订旅行计划、帮我付钱。我还想让它拥有一口轻快的新加坡口音，会说多种语言。我想让它做所有类似的事情，还要有点幽默感。

大约十几年前，由土井利忠（Toshitada Doi）带领的索尼工程师团队对制造家用机器人产生了兴趣。土井利忠是索尼公司的一位非常重要的工程师。他想，如果他们能够制造出机器人，能够洗餐具、洗衣服，能够做家里的其他杂事，那不是很棒吗？于是，他和他的团队就展开了家用机器人的最初研发工作。

然而，几乎是在研发开始的同时，土井利忠博士就发现自己陷入了困境。他知道，无论公司向这项工程投入多少资金，都要花费很多年才能制造出符合消费者预想的机器人。现有的人工智能技术太原始，机器人工程学也不太成熟。他的团队在短时期内无论研发出什么样的机器人，都会出现故障，而且不稳定，功能也有限。也就是说，研发出的机器人肯定会让大家失望。

鉴于这种困境，土井利忠做出了一个非常独特的决定。他认为，要想避开所有可能的不满，至少在短期内避开，就要把机器人的外形设计成小狗的样子，让它成为消费者的宠物。也就是说，它不再是一个机器人，而是一个机器人宠物，名字叫 AIBO，就像下图这样的：

他还决定，在上市之后，这个机器人的功能要跟真实小狗的功能一样。也就是说，这个机器狗没有任何实用性。AIBO 最终就被定位成一个消费者的同伴。产品经理矢泽武（Takeshi Yazawa）这样说："最后，我们都同意这么做……AIBO 爱你，你爱 AIBO，就是这样了。"

事实上，公司对 AIBO 的整体营销带有一点非正统和别出心裁的味道。在公司的宣传材料里，AIBO 被描述成一个有个性、比较独立的宠物——从字面上来说就是"有独立的思想"。而广告文案还带有一种强烈的玩笑色彩。它的主要目标人群是老年人、有孩子的夫妇和比较忙碌的年轻专业人士，即那些“喜欢有生命的个体带来的快乐，但又不想由此带来不便”的人。

如果你考虑到这个机器人的内部结构，你就会觉得这种营销方法太离奇了。AIBO 可不是一个便宜的玩具——定价高达 2 500 美元（但还没有高出成本价）；而且应用了一些核心技术，包括最新的人工智能、64 位 RISC（精简指令集计算机）处理器、带有红外探测仪的 18 万像素彩色电荷耦合元件摄像头。但是，在向市场做宣传推广时，公司很少提及这些高科技，只是告诉消费者，AIBO 就是一个宠物，一个具有独立思想的、好玩的淘气宠物，是现代科技能够制造出的最真实的宠物。

我的孩子在几岁的时候就开始经历这样一个时期：他们做的所有事情就是给事物分类——苹果属于水果，马属于动物，花朵属于植物。通过分类，他们把事物联系起来，让周围的世界有了意义。所以，在幼儿园里，他们会玩一些分类游戏：“这个东西不属于……”他们会把自己的玩具火车装在一个盒子里，把玩具汽车装在另外一个盒子里。不到一天时间，他们就能洞察一些新的事物分类：妈妈，你知道太阳是一颗恒星吗？你知道海豚是哺乳动物吗？你知道 Y 既是元音又是辅音吗？

大约在 90 年前，沃尔特 · 李普曼（Walter Lippmann）的《公众舆论》（*Public Opinion*）一书出版。这是一本经典的社会评论书籍。沃尔特 · 李普曼在书中写道：“在大多数情况下，人们都是先下结论再观察，而不是观察之后再下结论。”他其实是在说，人类的分类行为是一种条件反射，是一种自发的本能行为。在与事物建立关系之前，我们必须先知道它是什么。所以，我们会对人群分类：白领、蓝领；会对事物分类：固体、液体和气体；会对颜色分类：蓝色、红色、绿色，等等。如果碰巧遇到一些无法分类的事物——比如，一个没有明显性别特征的路人，我们就会有一种模糊感，这种感觉就会让我们的思维停滞，问一声：你看那个人是男人还是女人？就像在电视综艺节目《周六夜现场》（*Saturday Night Live*）旧海报上的那位性别不分的由朱莉娅·斯威尼（Julia Sweeney）扮演的“帕特”[①]一样。在确定事物的基本定义之前，我们的思维很难继续向前。

但问题来了：虽然物理学中的大多数分类都比较严谨和客观，显示出了固体和液体，或质子和中子之间的固有差别；在生物学中，我们的分类也同样严谨，显示出了哺乳动物和鱼类，或DNA（脱氧核糖核酸）和RNA（核糖核酸）之间的本质区别。但是，对于日常用品——我们每天都会使用的东西，我们的分类却和科学没有任何关系，而是公然的人为设定。

在商业领域，这一点表现得尤其明显。在这里，“为什么某物就是某物”这个问题的答案是毫无意义的。麦片之所以是麦片，是因为它刚好是碎粒状的，很适合用勺子食用；如果其外形再大一些，我们就会称其为“饼干”。星冰乐之所以是星冰乐，是因为它是星巴克销售的，也是由星巴克定价的。如果在别的地方销售，它就可能被认为是一种含咖啡因的奶昔。这其中的道理很简单。

① 帕特，《周六夜现场》中的一个虚拟人物，外形微胖，性别很难分辨。在节目中，主持人会扮演普通人，然后遇到帕特，努力分辨出帕特的性别。——译者注

但是，即使私下里意识到了这些，我们仍会任由这些差别来支配我们的行为。如果在办公室吃奶昔时发出了声音，大多数人都会感到很不好意思；但对于星冰乐来说，就是另外一种情形了。在和孩子们讨论早餐的时候，同样如此——可以吃麦片，但不能吃饼干。

因此，在提到消费的时候，可以认为产品分类华而不实、不合理，甚至有时可以认为它们是伪造的，但如果认为它们毫无意义，那就不对了。相反，产品分类极大地影响着我们的消费体验。

1999 年，索尼公司研制的 AIBO 投入市场。正如工程师们所预料的，它几乎具备了一台复杂、先进的机器人的所有缺点——内部软件极易崩溃；会出现一些意外的故障；有时候对主人的指令毫无反应。但是，分类名称正是在这个时候发挥了作用。因为 AIBO 的市场定位是"宠物"，而不是"机器人"，所以用户的行为发生了很大转变。

在进入 21 世纪的最初几年，我撰写了一篇针对 AIBO 的案例研究报告。在研究过程中，我花费了大量时间观察主人和 AIBO 的互动过程。在这些互动过程中，我看到有一股"爱怜"的感情之流在汩汩流淌，着实令人觉得不可思议。想一想，这些人可是刚刚花费了 2 000 多美元买了一台机器，他们的宽容还真不多见。当 AIBO 对指令没有反应时，主人的这种宽容表现得尤为明显。此时，大多数主人非但不会感到沮丧，反而会被 AIBO 表现出的固执逗得笑出声来，或者对这个小家伙的"个性"发表一些明显带有溺爱色彩的评论。有位主人说道："我真没想到，它还真有个性。我招呼它，它不理我，甚至都分不清楚我和球。"

现在，让我们稍微思考一下。正如我所说的，这些人花了一大笔钱，就是为了拥有尖端的机器人技术。你肯定认为，他们会对这个机器人的性能抱有较高的期望。

但是，不知怎么的，似乎把“宠物”和“机器人”区分开来这个简单的事实，解放了消费者。与早期购买其他昂贵的尖端科技产品的消费者相比，他们的行为截然不同。当然，这些人很清楚，机器人应该服从其命令，功能也应该有效，还要非常聪明。但他们也明白，“宠物”就是人类的另外一种同类——它们既可以不服从你，也会做出一些出人意料的事情；它们傻乎乎的，很可爱，也有自己的独立思想。因此，从看到AIBO的那一刻起，他们就压抑了自己要根据原有产品类别（机器人）做出判断的本能，而允许另外一种形象（宠物）进入大脑。

AIBO就是我所说的超越行业的品牌。推出这种品牌的企业意识到，提到消费时，我们的分类往往都很表面化，而且也很随意。但企业同时也意识到，这些分类往往能以一种很深刻的方式影响我们的消费体验，能够为我们提供另一个产品类别的名字，取代我们心中默认的那个。这些企业会这么说：你很可能会认为这是一片瑞士干酪，但如果把它当作一块飞毯会怎样呢？

要理解这种二次分类到底有多大的影响，可以试着想象，如果索尼公司开发的不是宠物AIBO，而是一个具有很多功能且外形与人类似的机器人管家——类似那种笨重的金属机器战警，就像下图这样的——会是什么样的情景。

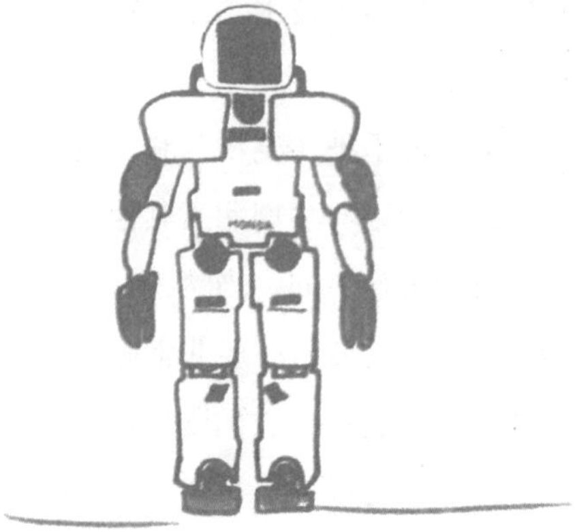

想象你是一家主流报社的科技评论员，你要写一篇关于这个笨重机器人的评论。你把它带回家，找了一些朋友帮助你测试它。你命令“机器人”穿过房间，打开电灯再关掉电灯。朋友在你身后窃笑，这个机器人摇晃着走出几步便停了下来，发出嗡嗡的声音……然后就不动了。你会在评论里怎么写？我猜，你可能会嘲讽这个产品，甚至会因为将一款带有众多缺陷的产品投入市场而责骂索尼公司。

相比之下，《纽约时报》的科技评论员是这么评论宠物 AIBO 的：

> AIBO 有时并不遵守主人的命令……AIBO 表现出的这种“态度”与……“不能工作”有什么两样呢？【但之后又这么写】AIBO 是一个令人吃惊的、能给人带来很多快乐的有趣的小动物。

英国的《独立报》这样评论道：

> “后退！”我发出了命令，声音清晰无比。但没用，一个小时后我发现，这个机器人的态度很有问题……【之后又这么写】

电池电量不足，我只好把“罗洛”送回给索尼的产品销售代表。我感觉很失落，我们才刚刚有点亲密感。

请注意这些评论的语气。虽然都提到了这台机器的缺陷，但又都以温和的语调肯定了这个小家伙有趣的一面。这个新的参照标准——“宠物”，而不是“机器人”——已经变成一个有魔力的变形机器，把一种工具性的产品变成一个很有趣的产品，把一系列产品缺陷（“分辨不了声音，而且总是不服从主人的命令”）变成产品的优势（“这是一个拥有独立思想的宠物”）。

简单地说，超越行业的品牌就是变形机器。它为我们提供了一种新的参照标准，鼓励我们放弃在某个产品上的固有消费态度，接受一些全新的情形。

在上一章中，我提到了像金佰利和宝洁这样的公司一直在不懈努力，希望生产出完美的纸尿裤。但有一点我没有提到：纸尿裤行业的竞争之所以残酷，是因为纸尿裤的客户生命周期很短。大多数父母在孩子两岁的时候，就不再给孩子使用纸尿裤。部分原因是，如果孩子两岁后还用纸尿裤，父母就会感到耻辱。纸尿裤厂家向来都知道，向市场推广为年龄稍大的孩子设计的纸尿裤几乎是不可能的，因为父母（更不用说孩子）抗拒延长纸尿裤生命周期的情绪特别强烈。

这种现象让金佰利公司产生这样一个想法：为什么不为年龄大的孩子专门制造一种像普通内裤那样的，能提到腰上而不是绑到腰侧的纸尿裤呢？于是，公司制造出了“成长裤”。设计这种产品时，公司刻意将其与“纸尿裤”区分开，强调其与另外一个产品类别——“大孩子”的内裤——的联系。毫无疑问，这次超越行业的实验成功了。几乎一夜之间，成长裤成为这个行业里发展最快的品牌。很明显，对于那些不愿意让孩子两岁后还用纸尿裤的父母而言，即使孩子在4岁之后还用成长裤，他们也不会产生任何疑虑。

这些超越行业品牌的有趣之处在于，它们所做的事情其实都是最基本的：它们建议用另外一种“心理原型”取代原来的那种。它们知道，我们很容易按照某种特定方式给它们的产品定位；同时它们也知道，我们心中的消费类别很容易被替换。因此，它们彻底改变自己的产品，重新定位自己的产品，使其与我们认知中默认的产品拉开距离。它们提供给我们的是一个“机器人”，却把它重新塑造为“宠物”；它们提供给我们的是“婴儿纸尿裤”，却把它重新改造为“大孩子用的内裤”。它们提供的是我们预想中的产品，却把这些产品重新定义为完全不同的东西。

当然，这个过程也需要我们的大力配合。要想让超越行业的品牌触动我们的心弦，我们要对这个二次分类“买账”才行。于是，在整个过程中，透明度变得至关重要。这些品牌的厂商需要获得我们的许可，才能和我们玩大脑游戏。它们明白，我们知道AIBO是一个机器人；它们也清楚，我们知道成长裤就是一种纸尿裤。它们的砝码是，我们可能愿意与其品牌串谋，因为我们已经准备好摒弃固定的消费模式，即那些我们希望丢弃的消费模式。

当HBO电视网（美国一家有线电视网络媒体公司）喊出“这不是电视”这个口号时，并不是在说它知道我们对电视内容的性质抱有一系列（负面）期望，而是寄期望于我们不看电视的可能性。所以，它其实是在暗示我们，马上要有变化了。

或许，把这些品牌当作一种“邀请”会更好。这些品牌邀请我们透过“不同的产品定义”这个镜头接近产品，要求我们抛开对某种产品的先入之见，在没有既定期望的情况下体验产品。但它们在这样做的同时，并没有试图把大家熟知的瑞士干酪掩盖起来，而是引导我们去注意瑞士干酪会在空气中膨胀这个事实。

最近几年有一部小说很畅销，那就是女作家萨拉·格鲁恩（Sara Gruen）的《大象的眼泪》（*Water for Elephants*）。这本书以其对马戏团生活深情、动人的刻画而出名。我没有在现场观看过巴纳姆与贝利马戏团（或玲玲马戏团）的传统表演，但在读这本书的时候，我对书中的人物竟然有一种非常熟悉的感觉。马戏团的所有标志性因素——小丑、大篷、穿着亮闪闪的衣服的动物、表演指挥者——在我的脑海中已经根深蒂固，所以我很熟悉这本书中的场景。不得不承认的是，这本书强化了我要远离马戏团的想法。我一直都很讨厌马戏团，这本书根本没有改变这种固有印象。

但是，几年前我带着孩子们去看太阳马戏团的演出时，感觉相当满意。关于太阳马戏团的文章很多，我发现这些文章的内容都是真实的：太阳马戏团很谨慎地为自己定位——可以是所有性质的团体，但唯独不是马戏团。没有动物，没有表演指挥者，没有满是花生壳的地板。相反，它的表演在很大程度上借鉴了其他形式的传统娱乐节目，包括戏剧、舞蹈和歌剧。这是一个把深谋远虑发挥到极致的超越行业的品牌。最初的杂技秀《骄阳喝彩》（*Le Cirque Reinvente*）和《奇异幻境》（*Nouvelle Experience*）非常明确地传达了它的这种定位。

但这种定位犯了一个逻辑错误：既然有这样的定位，为什么还称自己是马戏团，为什么不干脆把自己定位成另外一种形式的戏剧性体操团？问题的答案是，和其他超越行业的品牌一样，太阳马戏团知道，如果能够把自己定位成一个敢于冒险超越行业界限的行业玩家，就一定会产生非常强烈的煽动效果。

大约在 20 年前，福克斯电视网推出了动画片《辛普森一家》（*The Simpsons*）。这部动画片公然与这个产品类别（“儿童动画片”）拉开了距离，然后与另外一种产品类别（“成人情景喜剧”）联系在一起。虽然这部动画片在很多方面都与传统儿童动画片不同——充满尖刻的嘲讽和辛辣的文化讽刺，但它始终是一部动画片。因为这个事实，这部动画片产生了广泛的影响。在儿童动画行业里，这部动画片成为一个敢于冒险超越行业界限的玩家，而它正得益于此。

再看另外一个例子。1983 年，尼古拉斯·海耶克决定改变当时的瑞士腕表业，推出了一款与我们头脑中固有的瑞士腕表形象相去甚远的新型腕表。大多数人认为瑞士腕表就是一种很高档的珠宝首饰——做工精巧细致，在顶级的珠宝店中出售，用最上乘的金属和珠宝制作而成。但海耶克当时的想法是，制造一种倾向于另外一种产品类别——日常生活时尚配饰——的新型腕表。

于是，超越行业的腕表品牌斯沃琪（Swatch）手表诞生了，迄今为止一直保持着最畅销腕表品牌的地位。在很多方面，斯沃琪都称得上是拓荒者。它是第一个表身应用华丽流行元素的腕表品牌；在整体设计上，它也是第一个在设计上得到艺术家和建筑学家帮助的腕表品牌；它还是第一个可以提供系列产品的品牌，随着季节和潮流的变化，可以提供不同的腕表；它还是第一个在小型精品屋和独立商店里零售的腕表品牌。这些销售策略在时尚界是很常见的，但在当时的腕表业却是前所未闻。因此，斯沃琪成为一个敢于冒险、超越行业界限的玩家，而它也正得益于此。

在语义学里，“差异化”这个词指的是通过“向原始概念加入新概念”而使原有的含义发生变化。这是一个非常微妙的过程，因为它需要保持足够的原有含义，以便进行有意义的比较，但与此同时，还要向原始概念中加入足够的新含义，以产生合理的差异。在这一点上，可以认为差异化是沿着一个连续的统一体而发生作用的——差异化的程度可大可小，完全取决于你愿意延伸的距离。

超越行业的品牌就是延伸最远距离的品牌。它站在统一体的另一端，诠释了整个差异化过程，刚好保持了足够的原有含义，避免了与产品类别完全脱离。它就是产品类别中的反对派，也是越界者。因此，它既属于这个产品类别，又不属于这个类别。

在上一章中，我提到了“产品类别模糊化”这个概念。我认为，一旦我们对某个产品类别的印象开始模糊，我们的消费态度就会倾向于整体产品类别，而不是产品类别内的某个品牌。此时，我们就会只见森林，不见树木。例如，我们会认为啤酒就是那些愚蠢的足球迷喝的酒；瑞士手表就是那种很古板、很保守的手表；纸尿裤就是专门为婴儿生产的。

超越行业的品牌远远偏离了我们大脑中对产品的固有印象，让我们开始怀疑这些概括性看法的正确性。超越行业的品牌就像一位啦啦队队长，为了让大家严肃认真地对待她，就不再化妆，戴上眼镜去法学院读书。超越行业的品牌是非常有力的反证，让我们不得不重新思考自己的偏见。

换句话说，固有印象有误导作用，因为在我们应该看到变化和差异的时候，它却让我们看到了常态。超越行业的品牌强迫我们关注变化。这些品牌产品已经远远偏离了中心，让我们开始思考自己最初的认知是多么荒唐。

你甚至可以说，超越行业的品牌醉心于我们的固有印象，因为它们就是靠颠覆这种印象而生存的。我们梦想着有一天能出现一个机器人，它可以无微不至地服侍我们，但这些品牌厂商做了什么？相反，他们给了一个需要我们无微不至地服侍的机器人！我们知道，腕表的唯一功能就是显示时间，但这些品牌厂商做了什么？他们给了我们一种把显示时间作为附加功能的腕表！我们也很清楚，不能在裤子里撒尿，但这些品牌厂商做了什么？他们给了我们一种可以在里面撒尿的内裤！

这些品牌就是“乖巧”的对立面，它们的反叛直接针对我们对产品类别的固有印象。有时候，这种反叛行为不仅具有挑逗性，而且有点反常。

关于分类——包括无意识的分类——这个问题，有一点很微妙：它兼具所有精神启发法的优点和缺点。分类是我们的一种基本需求，因为分类具有强大的功能。（就像华莱士·里卡德（Wallace Rickard）

在《洋葱》网站上写的："固有印象确实能够节省时间。"）如果我早就知道三氯蔗糖是用糖制作而成，因此味道很像糖，那我很容易就会把它当作一种糖。有时候，我并不想考虑太多。

超越行业的品牌如此受欢迎的第二点原因是：它们没有试图对抗我们的分类习惯；它们很清楚，我们只有在弄清楚产品所属类别后才能做出回应。但它们反过来给我提供了另外一种类别名称，于是就自然地引出了另外一种行为脚本。

例如，请思考一下，在尼古拉斯·海耶克推出斯沃琪手表后会发生什么。斯沃琪并没有正式告诉我们这款新产品是什么，或者这款新产品应该如何使用，但几乎就在瞬间，迷恋这个品牌的人们就表现出了腕表业从未出现过的消费行为。迷恋斯沃琪的人们可不会只买一块腕表，他们会买很多块，用来搭配衣服，用来表达心情，用来彰显品位。甚至一些对瑞士腕表不感兴趣的人也开始购买斯沃琪手表，而且一买就是好多块。

换句话说，超越行业的品牌的魅力在于，它把我们带到了一个熟悉的领域。我们已经知道"时尚配饰"是什么，也很清楚我们会用它来做什么；我们以前和"宠物"接触过无数次，所以知道和宠物之间是什么关系。因此，只需简单地重新构造关联——从"机器人"到"宠物"，从"斯沃琪"到"时尚配饰"，或从"纸尿裤"到"内裤"，就可以唤起相应的行为习惯。

于是，当我们第一次看到某个超越行业的品牌时，立刻就"一目了然"，无须任何提示，也不用重新接受教育。这可是个不小的成就。在我任教的商学院，教师每年都要向攻读工商管理学硕士的学生强调，消费者的行为很难改变，当消费者面对成熟化的产品类别时更是如此。对于这些产品类别，消费者的消费行为及其对产品类别的固有形象已经根深蒂固。但是，超越行业的品牌将我们从习惯性的消费节奏中拉了出来，但它们没有制造新的消费节奏，而是唤起了一种在特定环境下我们想象不到的消费节奏。

20 世纪七八十年代，“艾列希”（Alessi）是一个超越行业的品牌，它将普通的厨具改装成昂贵的雕塑艺术品出售，比如菲利普·斯达克柠檬榨汁器（Philippe Starck lemon squeezer）和迈克尔·格雷夫斯茶壶（Michael Graves tea kettle），但人们瞬间就领悟了用意。21 世纪初，Heelys 是一个超越行业的暴走鞋品牌，它将普通的运动鞋改装成溜冰鞋出售，人们也是瞬间就领会了。20 世纪 90 年代，家乐氏（Kellogg）推出了营养麦片，将麦片加以改装，使其以能量棒的形状出售，人们也是立刻就心领神会。

无论是让人们在下午茶时吃早餐饼，还是让人们将手表与服装搭配，超越行业的品牌从未试图对抗潮流。相反，它们带来了一股新的潮流，而且在面对这种潮流时，我们感到非常舒适。于是，在没有任何准备的情况下，我们就跟随着这股潮流上下起伏。

在这个过程中，这些品牌也重塑了我们。想一想，斯沃琪把一群实用主义者和不情愿的消费者重塑为品牌的狂热爱好者。金佰利把几乎要脱离这个产品类别的学步儿童重塑为源源不断的客户；太阳马戏团把我这个不情愿的消费者，重塑为品牌忠诚者。这些超越行业的品牌都超越了其所在的行业，同时也引导着消费者跟它们一起超越。

当你把一些熟悉的商品（如机器人、瑞士手表或者运动鞋）与另外一些同样熟悉的商品联系起来（如宠物、时尚配饰、溜冰鞋）时，就会不知不觉创造出一些时尚的商品。这就是“混搭”的意义所在：合作共存这种行为本身就能产生强大的优势。

在某些情况下，这种现象可能会表现为一种内部矛盾，然而，这种矛盾在一定程度上却有其内在逻辑。第一次听到重复乐段中带有复古味道的说唱音乐时，我觉得这种音乐既时尚，又复古，但这种矛盾又恰到好处；第一次写博客时，这种为了满足公众消费而撰写的个人日记中所隐藏的个人与公众的矛盾，也让我非常震惊，但对我来说仍然是有意义的；我买过一块斯沃琪手表，它的确很奇特，几乎让我忘记了它还有显示时间的功能，但这正是我喜欢这款手表的原因之一。

在另外一些情况下，这种现象会表现为一种强烈的对比，让人感到不安，因为它揭示了其他事实。比如，当某个企业把“纸尿裤”与“内裤”联系在一起时，作为父母，我们没有其他选择，只能正视自己的消费偏见；当我们面对一位拥有哈佛大学法学院法律学位的啦啦队队长时，我们也只能这么做。这种不匹配可能会使大脑混乱，但也可能让我们顿悟。

超越行业的品牌吸引我的另一个原因是：它们提醒人们，把看似无关的事物——无论是产品类别，还是音乐体裁，甚至是人的性格特征——联系起来，不仅能让我们重新认识这些事物，也能让我们重新认识自己。

有一幅非常著名的视错觉速写图，它把两个人物形象——一位漂亮的年轻女士和一位老妇人——合二为一，如下图所示：

在这幅视错觉图中，一次只能看到一个人物形象；要想看到另外一个人物形象，就需要进行“知觉转移”，需要刻意、努力地集中注意力。我第一次看到这幅速写图时，只能看出来那是一位漂亮的年轻女士，不管怎么努力都看不出来那位老妇人。后来，有一位朋友告诉我，看到老妇人的秘密是集中注意力看鼻子。按照他的建议，图像果然有了变化，我看到了老妇人。

我之所以会提到这幅图，是因为日常生活中的消费品也会呈现出不同形态。它们可以是任何事物，但我们会把它们当作什么，则完全取决于一种比较肤浅的传统认知。例如，很多运动饮料和人工果汁中含有的原料其实是相同的，但前者通常被认为是一种很正规的运动补给饮料，而后者就被认为是儿童喜欢喝的一种甜饮料。与普通糖果相比，有些能量棒并不能提供更多营养或提供更高能量，但很多人会在体育锻炼时吃士力架巧克力补充能量。在上述例子中，商家卖出的产品与人们买到的产品之间的区别是可以人为解释的。

AIBO 到底是“机器人”还是“宠物”？成长裤是“纸尿裤”还是“内裤”？太阳马戏团到底是不是“马戏团”？对于这三个问题，答案在很大程度上取决于你是否注意到了老妇人的鼻子。

如果说本章试图说明一个道理，那就是：在商界，产品类别的界限既不是固定不变的，也不是神圣不可改变的。这个界限的灵活性、可以改变的程度和易受影响的程度都趋于极致。只需要一次“知觉转移”，就可以对产品重新定义；只需要一次“知觉转移”，就能改变众多消费者的消费态度。就连斯沃琪腕表幕后的梦想家尼古拉斯·海耶克，也是知觉转移说的信奉者。制造出 AIBO 的工程师土井利忠、成立太阳马戏团的街头艺术家盖·拉利伯特（Guy La liberte）也同样如此。这些人很像日本的传奇导演黑泽明，他通过著名电影《罗生门》（*Rashomon*）提醒我们，一个故事会存在很多面，只需要把镜头往这边或那边稍微移动一下，故事情节就会发生意外的转折。

最后，超越行业品牌的鲜明特征是：它们完全漠视产品类别的传统定义。这些品牌公然对抗行业界限，同时通过挑战我们对事物的固有认知，证明了我们的分类标准是多么随意。

我的一位同事总喜欢说，所有的经营策略最终都注定要失败。他每次说这句话的时候，都会引来一阵笑声。但这种说法也有道理：在商界，期望所有的策略会永远成功很不现实。企业最多只能期望一种策略可以在较长时期里保持优势地位——也就是说，不是永远有效，而是长期有效。

超越行业这种商业策略为企业提供了一个机会，可以使企业在长期内保持自己与竞争对手的差异。在腕表行业的历史上，斯沃琪一直是最畅销的腕表品牌。当竞争对手开始蚕食这个市场时，它享受行业先驱身份带来的优势已长达几十年。在推出成长裤后，金佰利统治成长裤市场的时间超过了 15 年。《辛普森一家》是有史以来播出时间最长的情景剧。太阳马戏团至今还没有遇到竞争对手，在行业内依旧保持着独一无二的地位。

另外，即使在效仿者出现之后，这些品牌依然在自己的行业里留下了不可磨灭的印记。我这样告诉学生：如果你亲眼见证了一种超越行业的品牌诞生，你往往也会见证一个崭新子类的诞生。这个产品子类很可能会改变其所处产品类别的整个局面，其影响可以延续到下一个商业周期。斯沃琪腕表的出现，为腕表业创造出一个新的子类，如今的腕表业充满了诸如 Fossil（富思）、Coach（寇驰）这样的时尚配饰品牌。《辛普森一家》则创造出一种新的电视节目类型，后来的《山之王》（*King of the Hill*）、《瘪四与大头蛋》（*Beavis and Butt-Head*）和《南方公园》（*South Park*）都属于这种节目类型。金佰利推出的成长裤则催生了一种新的类别，即一次性宝宝训练裤，帮宝适拉拉裤（Easy Ups）就属于这个类别。此外还有很多类似的超越行业的品牌。

我所说的“超越行业的品牌能够成功改变其所处的行业”就是这个意思。这些品牌拓宽了产品类别的定义，延伸了产品类别的界限，迫使竞争对手多年来一直在努力赶超它们，从而在产品发展史上留下自己的印记。

顺便提一下，几年前，我再次参观索尼公司的实验室。在案例研究发表后的几年里，我遗憾地发现，关于 AIBO 的实验已经搁置下来（显然是因为成本问题），但我又感到欣慰，因为我听说发起 AIBO 这项研究的工程师仍然在暗中改进这项技术。这个研发团队告诉我，他们最新研制的机器人外形很像人，所以，我迫不及待地想看一看他们研发出来的是一个什么样的机器人。

他们展示给我的机器人模型叫作 QRIO。最让我感到吃惊的是，它看起来很像一个小人国里的小矮人。它其实就是一个身高与学步儿童差不多的机器人，看起来很可爱，显然已经内置了一些非常先进的机器零件，如下图所示：

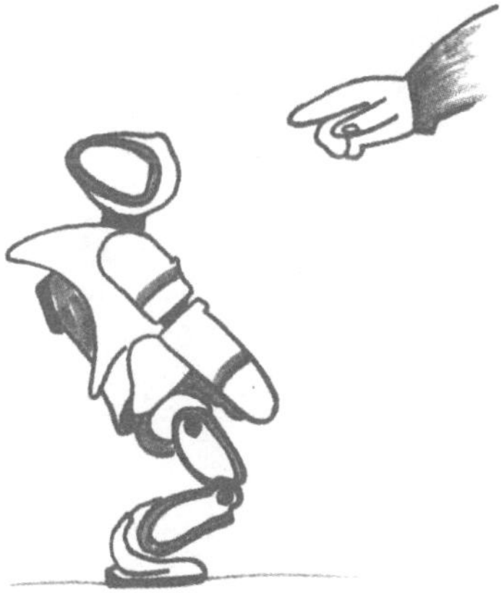

但是，从性能方面来说，这个小家伙就没有那么出众了。它经常会跌倒，偶尔还会撞倒物品。而且，在“听到”我的指令后，表现得也不好。但我却发现，自己居然莫名其妙地迷上了它——它看起来既可爱又脆弱。所以，当它不听话的时候，我不会责备它；甚至当它“忽视”我的时候，我竟会忍不住笑出来；当它跌倒后，我会很想“照顾它”。就是在这个时候，我感到这些工程师非常伟大，他们再度触动了我的心弦。

第 7 章　敌意品牌

1971 年的一天，年轻的艺术总监哈维·加博尔（Harvey Gabor）准备构思一则新的电视广告。加博尔在可口可乐公司的广告代理公司麦肯爱里克森（McCann Erickson）工作。他构思的广告有些激进，也有些过分乐观：一群不同种族的年轻人，穿着各自的民族服装，聚集在罗马郊外长满青草的山坡上，齐声高唱可口可乐公司最新推出的广告曲：

> 我想教所有人歌唱，到处是一片安详和谐；
>
> 我想给所有人买可口可乐，让它永远与人们相伴。

1971 年夏天，这则广告在美国播出。几个月的时间里，可口可乐公司收到了几千封来信，人们在信中表达了对这则广告的热爱。这首广告曲也登上了美国流行音乐排行榜榜首。久而久之，这则名为《山顶》（*Hilltop*）的广告成为美国电视史上最受欢迎的商业广告之一。

考虑到当时的社会环境，这则广告取得的成就格外令人印象深刻。在美国历史上，1971 年是一段充满痛苦与冲突的时期。同年，《纽约时报》刊登了国防部的机密文件“五角大楼文件”（Pentagon Papers）；这一年，报纸上都是关于水门事件丑闻、越南战争和黑豹党的报道。

但是，在社会动荡、民众不满的背景下，可口可乐成功地描绘出了一幅充满团结和乐观主义精神的画面。几年前，加博尔告诉一位记者：“各个年龄段的人都很喜欢这首广告歌曲，老奶奶们在唱，在办公室里工作的人们也在唱。孩子们也很喜欢。”

当然，这则广告如今看起来就不怎么样了——歌词平淡无奇，画面也没有新鲜感，看起来很陈旧，但这只是因为广告美学这些年来已经取得了很大的发展而已。关键的地方在于，40 年前可口可乐公司所做的，正是如今的商业品牌需要继续追求的：为品牌注入积极向上的信息，成功地吸引消费者。

美国电话电报公司推出一则广告，提倡人们应该“伸出手臂，触摸世界”（reach out and touch someone）；万事达信用卡公司推出一则广告，强调生命中最美好的东西是“无价的”。从本质上来讲，这两家公司开拓新领域所依赖的感情基础，与 20 世纪 70 年代可口可乐公司取得巨大成功时所依赖的感情基础是一样的。如今，创意执行的方法可能比当时更完善一些，但品牌营销的逻辑却是根深蒂固的：这些品牌希望能张开双臂拥抱整个世界，既想让我们对他人怀有好感，又想让我们对他们的品牌怀有好感。这种想法的目的就是要消除我们的疑虑，营造一种积极的气氛。

大约 10 年前，我开始为工商管理学硕士研究生讲授市场营销课程。当时，我把这项任务当成了对自己的挑战：鼓励学生把市场营销看成企业接待部门的工作。我把市场营销比喻为举办派对：市场营销人员是主人，她的任务是列出宾客的名单，确保这些宾客能够在派对上出现，然后确保他们玩得开心。

如果当年你听过我的课，你就会学到，要有效地做到上述我所说的，就需要三张王牌。第一张王牌是产品本身。市场营销人员要用最独特的方法展示产品，给人们一个购买该产品的理由。第二张王牌是获取。市场营销人员要把产品分类、定价，人们就会感觉不用大费周折就能获得产品。第三张王牌是品牌传播，也就是品牌的各种相关信息。《山顶》广告就是一个典范，因为它把可口可乐与普通的价值观有效地联系在了一起：包容性、温情和团结精神。这也是市场营销人员的责任：让品牌显现出一圈光晕，使其被一种不可抗拒的气氛包围，从而把消费者吸引进来。也就是说，营销人员的工作就是，把迎宾地毯铺开，消除所有可能影响到消费的障碍，让消费者尽快地参与到庆典活动中。

关于“快乐的女主人”这个营销概念的问题是：虽然我在教这个概念，但我其实并不确定自己对它的看法。我也不确定学生是否会接受这个概念。每年，我都发现自己对这个方面持有明显的怀疑态度。最后，我本能地决定在课堂上公开与学生讨论这个问题：这种营销方法对于你们到底会有多大的作用？

接下来的讨论非常具有启发性。很明显，我的学生都是不抱任何幻想的人。这一点其实并没有让我感到吃惊。真正让我感到吃惊的是，他们的回答非常尖刻，评论也很详细，几乎涵盖了所有方面。一部分学生提到，企业总是喜欢把自己的产品吹得天花乱坠，总是“鼓吹好的一面，掩盖不好的一面”，它们其实一直在破坏自己的信誉。

另外一部分学生则指出，广告天生就是不真诚的，它们竟然厚着脸皮要打动消费者——不过就是想兜售信用卡、长途电话服务或汽水而已。

自此之后，我每年都会和学生们就这个问题进行各种各样的讨论。虽然学生们的讨论内容每年都不一样，但整体情况大同小异。如果可以把学生们的评论当作参照标准，我可能会得出这样一个结论：对于广告行业的习俗而言，这种醒悟可不是一个好兆头。可口可乐的《山顶》广告就是学生们所说的"感觉良好的营销"的代表。如今，四十多年过去了，可以毫不夸张地说，我们身边充斥着大量类似的营销方式。我们身边到处都是令人开心的营销广告，它们传递着经过美化和粉饰的情绪：母亲快乐地为孩子做花生酱三明治；沉迷于嬉皮文化的青少年大口大口地吃各种快餐；家人通过手机互相开着玩笑。但是，如果你听到学生们的评论，你就会发现，这种营销方式反而会让消费者更加怀疑产品，而不是消除他们的疑虑。你的感觉完全正确。

几年前，我在讲课时想到了一幅漫画，就把它当作笑话讲给学生听。这幅漫画的名字叫作《怀有敌意的售货员》(*The Hostile Marketer*)。画中的那位怀有敌意的售货员毫不关心顾客是否购买他的产品。他对顾客有种敌对情绪，喜欢和顾客争论，而且总是想和顾客打架，是一个很令人扫兴的人。如果哪位顾客抱怨几句，他就会直接把人家踢出店门。

这个笑话很有意思，学生们都很喜欢。但你知道他们认为哪一部分最好笑吗？在这幅漫画中，这个售货员总是莫名其妙地成功。即使他用各种理由让顾客滚得远远的，顾客还是会回到他的店里购物。

本章主要介绍敌意品牌。所谓的敌意品牌就是爱玩“欲擒故纵”策略的品牌。它们没有在门口铺上一块“欢迎光临”的垫子，而是夹道鞭打消费者。这就好像品牌经理拿出一本营销书籍，在每句话上都添上否定词。在这一点上，敌意品牌并没有进行传统意义的营销，而是反营销。

有些敌意品牌直接向消费者公开自己的缺点；有些品牌基本不做品牌推销；还有一些品牌排斥感觉良好型的宣传，转而传递既吸引人又拒斥人的信息。不管是什么样的宣传策略，敌意品牌都会在消费者面前竖起一道消费障碍。从很多方面来看，你都可以把这些障碍看作对我们与品牌关系的测试。最终，这些品牌的消费者产生了很明显的分歧。在这种情况下，品牌消费就成了品牌忠诚的公开展示平台。

至少可以说，这种营销方法是一种很奇特的诱惑。在本章开始时我就应该承认，本章内容会暴露我的一种矛盾心理。你也看到了，我现在还在研究这些品牌。在这一点上，我得感谢我的学生。这些年来，正是他们让我学到了人们对感觉良好的品牌推广方式的逆反心理，以及人们对敌意品牌的反逆反心理。在教给我这一点时，学生们遵循着一种真正的辩证思维：对我提出的每一个类似《山顶》的广告，他们用反证驳斥我；对我提出的每一个类似万事达的“无价”广告，他们会用质疑来回应。作为一名教师，当你发现学生对你所讲授的内容有所争论时，千万不能把它当作一件小事。当这种情况发生时，最明智的方法就是认真倾听。多年以来，我一直把市场营销看作企业的“快乐女主人”，但我发现，这种营销方法不仅可能会失效，还有可能失去可信度。

我从学生身上了解到：他们最迷恋的品牌，是那些让他们没有感觉被愚弄的品牌，即那些不惧怕让消费者多花钱，会拒绝大量消费者的品牌。这些品牌既不会向任何人妥协，又不会竭力取悦大众。在一个我们都习惯性地认为消费者永远都没有错的时代，这种行为会让人感觉商家非常傲慢。但是，我的学生们会告诉你，这些品牌也会发展得非常好。

所以，虽然我对敌意品牌还存有矛盾心理，但再也不用去说服别人相信这些品牌的存在意义有多么重大，或者它们是如何奇妙地令人耳目一新。说实话，当我在课堂上讲《怀有敌意的售货员》这个笑话时，就代表着一种妥协。我真正要告诉学生的是，我开始了解这些品牌了。虽然我不确定自己是否已经真的理解它们，但我确信这些品牌一定在坚守着什么东西。

好吧，我们就这样开始研究敌意品牌吧。

假设现在是 2002 年，你是一位经验丰富的品牌经理，正面临着一项严峻的挑战：把一种新的汽车品牌推向美国市场。如果说这项任务只是面临着一些不利因素，那也未免说得太轻松了。你面临的第一项挑战是品牌认知。虽然这个品牌在欧洲的知名度相对较高，但在大西洋的另一边几乎没有人知道这个品牌。据统计，这个品牌在美国只有 2% 的认知度。第二项挑战是财务方面。你的预算只有区区 2 500 万美元，在这个行业里可是一笔小数目。在这个行业里，为了建立品牌知名度，企业投入上亿美元的广告费用连眼睛都不会眨一下。最后一个挑战是汽车本身的问题。这款汽车最大的缺陷在于它的大小。一旦进入美国市场，这款汽车就会成为市场上最小的汽车，在长度上至少要比其他普通小型车短两英尺。

而且，当时的美国人非常迷恋大型汽车。你也很清楚这个情况。再说一遍，这是 2002 年。你身边的人都在购买大型车、耗油量大的车、多功能运动型汽车、跨界车和厢式旅行车。这款市场认知度不高、像火柴盒一样的小汽车，肯定会面临体积太小这个问题：这一点毫无疑问。即使是你自己也不得不承认，钻进这辆小汽车里肯定会感觉很痛苦，而且后备厢太小，最多也就能放下半打或一打啤酒。你的胃翻江倒海般难受，因为人们可能会因为这款车的实用性不强而直接拒绝购买，不留任何余地。

你觉得这很不公平，你有责任不让这种情况发生。因此你开始思考各种方案。

第一种方案是：推出一则终结流言的广告，推翻“车太小，肯定不舒服”这种认知。你的研究报告显示，乘客在第一次乘坐这款车后，都会对宽敞的车内空间和大容量的后备厢感到吃惊。你心想，这种方案应该会有效——这种宣传可以说服美国人，这款车实际上比看上去要大很多。第二种方案是：完全忽略车子大小这个问题，把它完全埋到地下。这款车有很多吸引人的优点，比如易于驾驶、价格适中，还带有一点异国风情，具有欧洲血统，另外车身是独特的“斗牛犬”设计。

你反复思考这两种方案，最终发现两者都没有太大用处。这并不是说其中的创意不好，而是它们让你感到枯燥乏味。这些你从前都干过，所以你还要找出另外一种方法。

2002 年，美国市场上出现了一个新的汽车品牌，即宝马公司的 Mini Cooper（迷你库珀）。宝马公司推出了一系列大胆的广告，从而使这款车型深入人心。在这一系列广告中，最让人吃惊的是在解决车身大小这个问题上所用的方法：这个广告直接拿“小车身”这个问题对我们发起进攻，其实是以此为由对品牌展开宣传。

还记得我看过的第一块 Mini Cooper 的广告牌。在看到这块广告牌之前，我也听说过一些关于这款新车的信息。我认为，这款车的复古外形很迷人。但我也想过，坐在这款迷你车里肯定很挤。回到 2002 年那一天，我在开车上班的路上看到这块广告牌时，简直惊呆了，上面写着：

XXL XL L M S MINI

这则广告传递出的信息极具挑衅意味，好像这个品牌在对我说：“担心这款车太小？看这儿，它甚至比你想象中的还要小。”这其中的挑衅意味令人难以置信。没过多久，我偶然发现了这款车的另外一个促销活动。宝马公司把一辆 Mini 放在一辆多功能运动型汽车的车顶上，就好像在说：“担心这辆车在路上会显得比多功能运动型汽车矮小？好，看清楚吧。”

我当时正致力市场营销研究，对我而言，这种广告传递出的信息非常具有反叛精神。毕竟，在经过培训后，市场营销人员都习惯于宣传产品的优点。也就是说，当市场调查显示出消费者对产品的负面特征心存疑虑的时候，市场营销员就会做出反击，要么向消费者再三保证不必疑虑，要么就是把消费者的注意力转移到比较正面的产品特征上去。

在这种大环境下，Mini Cooper 的广告似乎破坏了营销界普遍认知的谨慎态度。我敢打赌，在 2002 年，一定有许多像我这样的摇摆不定的消费者，我们认为这种车型确实具有吸引力，但却担心它太小。在这种情况下，这则广告就显得太激进了：它不仅没有减轻我们的顾虑，反而加深了这种顾虑，甚至还把它转化成一种持续的不安。

简单地说，敌意品牌就是这么做的：拒绝守旧的劝说式营销方式；它们会说一些其他品牌不敢说的话，甚至敢做一些能把我们吓跑的事情。你可以把这种营销方法看作一种逆反心理的表现，但这么说仍然不确切。当汤姆·索亚[①]（Tom Sawyar）不让他的朋友们刷篱笆墙时，他却把"刷篱笆墙"这件事描绘得比实际情况更有吸引力。不过，敌意品牌的宣传有所不同。它们毫无保留地把自己展现在我们面前，即使我们不喜欢，它们还是会寸步不让。

敌意品牌的宣传方式是令人振奋的。那天，在开车去学校的路上，我在想，如此坦率的广告实在不多见。后来我才知道，Mini Cooper 推出的《我们开车吧》（*Let's Motor*）这则广告还包含了其他的潜台词。这些离经叛道的品牌促销方式，足以使这个品牌与当时盛行的大车文化彻底一刀两断。敌意品牌还有这样一个特点：它们的坦率令人耳目一新；它们毫不畏缩、非常直接地提供信息，公然向我们挑战。

这种营销方式的影响是令人振奋的。当一位市场营销人员向我们

---

① 汤姆·索亚，马克·吐温的小说《汤姆·索亚历险记》中的主人公。——译者注

介绍一种我们轻易就会喜欢的产品时，我们很容易就会对他的介绍失去关注，容易得就像物品沿着丝绸滑落一样。牵引力的产生需要有摩擦力。所以，敌意品牌就给我们带来了一些摩擦，但它们并不是低调处理产品有争议的部分，而是把这一点放大从而带来摩擦。它们意识到，只有心理上的不和谐才能激发出某种旺盛的生命力。因此，敌意品牌不遗余力地放大这种不和谐。

讲到这一点时，我喜欢用能量饮料红牛（Red Bull）的市场推广案例。如果说世界上存在自吹自擂的企业故事，红牛就属于其中一个。在课堂上讲解这个案例的时候，我常常会做一个简单的味道测试，选一名以前没有喝过红牛饮料的学生作为测试对象。有一年，被选中的学生居然把喝进去的饮料吐了出来，红牛居然难喝到这种程度。

关于这个案例，有一件很有趣的事情。迪克·梅特舒兹（Dietrich Mateschitz）是一位特立独行的奥地利商人，负责把红牛这个品牌推向全球。当他准备把这种混合饮料推广到欧洲市场时，他做了一系列市场测试，想看看消费者对这款外国饮料有什么反应。以下是最初的调研结果：这种新饮料的颜色看起来很淡，根本没有喝它的欲望；喝到嘴里，感觉黏黏的，很“恶心”。市场调查公司则得出这样一个结论：“这是迄今为止最失败的产品。”对这些结果，梅特舒兹会有什么反应呢？他居然说：“太好了！”

与红牛相似的另一个品牌是“马麦酱”（Marmite）。这是在英国超市里出售的一种糊状的深棕色食用酱。可以用“刚开始会讨厌，后来会迷恋”来形容它的味道。这个品牌的广告语是：“爱它，或者讨厌它”（love it or hate it）。在最新的广告里，其中一则说的是一团马麦酱在一个英国小镇上实行恐怖统治；而另外一则描述的是这样一幅画面：一位母亲在给孩子哺乳期间吃了一点马麦酱，惹来孩子一阵喷射性呕吐，吐了母亲一身。

你可以看到，在这两个案例中，品牌都具有一种超越一般标准的斗志。敌意品牌明确地告诉我们会面对什么，如果我们不喜欢，它们会是第一个送我们离开的人。正因为如此，我常常用“反营销”来描述敌意品牌，它们是“要么接受，要么放弃”的品牌；它们拒绝迎合，拒绝卑躬屈膝，甚至还拒绝通过打磨产品的粗糙边缘这种方式来改进产品。

当红牛饮料的知名度在夜总会和酒吧里迅速蹿升后，喝这款饮料的人给它起了很多绰号来描述其补充能量的特性，如“液体可卡因”“带来高速度的罐子”“液体伟哥”等。他们甚至还散布谣言，说红牛饮料的原料取自公牛的睾丸。于是，一些消费者开始担心这款饮料可能会带来一些健康方面的问题，于是他们组织了一场抵制红牛饮料的运动。但是，公司不仅没有努力终结这些流言，没有试图消除消费者的恐惧，反而按部就班，一直采用一种完全依赖无限制口头传播的地下营销方式，让人们对这款饮料产生了兴趣。公司的态度是：如果红牛让你感到紧张，那就“不要喝”。

正如我所说的，能够如此执着地坚持自己营销方法的企业不多。要想做到如此执着，就需要坚持漠视消费者的关注点，对市场反馈也毫不妥协。这种执着所带来的回报就是一种尽可能纯粹和不平衡的市场定位。换句话说，就是品牌的差异化发挥到了极致。

如果在谷歌上搜索“勃肯”（Birkenstocks）和“丑陋”（ugly）这两个词，你会得到上千条搜索结果。把“勃肯”这个品牌引入美国的是马戈·弗雷泽（Margot Fraser）女士。如果你有机会倾听她谈论公司成立初期的故事，她会饶有兴致地回忆起当时的情景。当时，零售商拒绝订购这种鞋子，因为它们看起来太难看了。在这种情况下，很多公司的自然反应就是重新设计鞋子，让它们看起来更吸引人、更舒适。但勃肯从未产生过这种想法，因为这样做会在很大程度上削弱品牌，使其变得和其他传达不出任何意义的品牌一样毫无特点。而勃肯鞋是能传达意义的，这就是其执着所带来的奖励。鞋子的丑陋外表表明了一种立场，一种勃肯决心要坚守的立场。

当某种品牌以一种毫不妥协的姿态出现在我们面前时，会出现一种比较有趣的现象。

没有反叛性的品牌消费起来是比较容易的。它们对我们没有特别的要求，也没有发布有力的声明。于是，消费这些品牌时，我们就很容易跌入大众的洪流中。如果我们每天开着和其他人相同的车，穿着很多人都穿的懒人拖，就不会吸引别人的注意力。要想让自己变得不显眼，最好的方法就是，不要购买那些引人注目的品牌。

当某个品牌在沙滩上画了一条线——我们知道并非所有人都愿意超越这条线，它也迫使我们谨慎考虑是否要跨越这条线。此时，消费行为就会变得重要；我们和品牌之间的关系也变得更有意义。穿勃肯鞋、开 Mini Cooper，或坚持喝红牛饮料会比总是购买同一款老产品传递出更多的信息。敌意品牌是坚守立场的品牌，是身份的象征。在潜意识里，我们都懂得这个道理。

另外，随着时间的流逝，这些品牌周围还会聚拢起一系列外围联系。如此一来，它们就被赋予了丰富的含义。如今，像勃肯、Mini Cooper 和红牛这样的品牌代表的是整个社会群体。可能是嚼着格兰诺拉燕麦卷的波西米亚人，也可能是离经叛道的小型车狂热爱好者，又可能是喜欢逛夜店的人。因此，消费这些品牌本身就会成为一件承载很多意义的事情：传统品牌把我们隐藏起来，而敌意品牌则迫使我们突显自我。

这些品牌不仅能导致两极分化，还会主动进行反抗。也就是说，这些品牌在交朋友——对品牌有热情和忠诚度的朋友——的同时，也在积极地给自己树敌，它们还公开欢迎这些敌人。Mini Cooper 的一句广告语是：“对抗 SUV，从这里开始！”（The SUV backlash starts here）这就显示出了它喜欢惹麻烦的个性。很明显，它在告诉大家，它渴望一战！

马麦酱的官方网站包括两部分内容：一部分是为喜欢马麦酱的消费者设置的，另一部分则是为讨厌马麦酱的消费者设置的。公司对这两种消费者都很欢迎。有些人会穿勃肯鞋，有些人则会取笑穿勃肯鞋的消费者，勃肯公司很清楚这一点，但也赞同这种行为。在《纽约时报》的最近一次采访中，公司的品牌经理如此评论这种行为：“这个品牌既能引发积极反应，又能引发消极反应，这就是它的优势。这表明，我们的品牌与文化有很大的关系。我希望能参与到这种行为中，而不是摆脱它。”

敌意品牌正是这么做的：在戏剧性的两极分化可能性中蓬勃发展，从冲突中获得力量。在过去的几十年里，奢侈品品牌确实是这么做的——依据简单的财富差异，使社会分化，但敌意品牌依靠多样化的品牌忠诚来显示消费者的身份。这种忠诚与无聊的银行账户完全没有关系。在千变万化的分化中，敌意品牌繁荣发展。

无论在何时，只要你在日本（顺便提一下，日本的国民生活快乐指数已经远远超出其经济影响力）待过一段较长的时间，你就会听说一种街头休闲潮流服饰品牌，名字叫“洗澡猿猴”（A Bathing Ape）或“安逸猿”（BAPE）。这个品牌创立于 1993 年，品牌创意来源于美国的系列电影《人猿星球》（*Planet of the Apes*）。“洗澡猿猴”这个品牌名称则源自日本的一个短语，短语的意思是“在热水中洗澡的猿人”。

描述安逸猿的方法有很多，但最好的方法就是尽可能地粗俗：安逸猿就是一个令人讨厌的品牌，它实行一种反营销策略，这种营销策略以任何事情对顾客来说都不轻松、只有胆小鬼才最看重方便性为中心。

安逸猿的每一款服装都是限量版，我绝对没有开玩笑。也就是说，只要你看到某个人穿着一件你喜欢的“洗澡猿猴”衬衫，就说明这款衬衫已经脱销了。安逸猿的店面基本上都坐落在小巷里，似乎故意不想让人找到，而且也没有明显的标示，暗示你这就是安逸猿的店面。大多数安逸猿零售店都会规定顾客每次只能买一种产品，而且必须要符合顾客的身材尺寸。就连安逸猿的网站看起来也不怎么友好：顾客只有在下载并运行一个独立可执行文件后才能登录网站。虽然这个品牌看起来很好斗，但几乎所有的日本年轻人都听说过这个品牌，而且都想拥有一件安逸猿的衣服。在变幻莫测的都市时尚界，安逸猿是非常活跃的一个敌意品牌。

只要你认真考虑一下，就会发现其中的心理作用并不神秘。稀缺可以刺激需求，我们都明白这个道理。如果哪天你去参加苏富比拍卖会，你就会发现，所有人都愿意用高昂的价格竞拍某种物品。这些物品如此昂贵的原因只有一个，即它们是独一无二的。物以稀为贵，甚至因为稀少，还会产生一丝神秘感。在商界，这通常是一件好事。但是，这样做也不是没有风险，因为稀少还有第二个特点，即：人们需要努力才能获得物品的所有权。然而，当需要付出努力时，人们就会感到很麻烦。

《宋飞正传》(*Seinfeld*)是一部情景剧，曾风靡美国 9 年。剧中“纳粹汤”(the Soup Nazi)那一幕令人难忘。这幕剧改编自纽约市一家汤店店主的真实生活。剧中主角杰里和朋友们冒险进入一家位于小镇另一头新开张的汤店，这家店很受欢迎，汤的味道鲜美无比。但是，小店警告顾客：如果顾客没有严格按照店主(纳粹汤)的要求排队、点汤和付费，就会被踢出店外。即使只是稍微违反了他的要求，他也会朝你大吼“拒卖”，然后把你赶出去。

要想成为敌意品牌的爱好者——不管是纳粹汤的爱好者还是洗澡猿猴的爱好者，你都要明白，你可以是顾客，但你绝对不是国王。敌意品牌在你面前设立了很多障碍，可以是车身很小、鞋子很丑，也可以是店铺很难找到。为了能拥有一件敌意品牌产品，我们必须为拥有权付税，要自己主动站到买汤的队列中。这是一些与金钱无关的奢侈品品牌，其象征性价格带来的是一种拥有权。

我在前文中提到过自己对敌意品牌的矛盾心理。从某些方面来说，这些复杂的感觉是可以预料到的。敌意品牌就是要激发出这种两极化的热情，它们是在爱与恨的碰撞中生存的。

几周前的一个周末，我和朋友劳拉一起去逛街。劳拉有三个孩子，其中两个女儿的年龄正处于 12~17 岁。逛街时，劳拉告诉我，这两个女儿非常迷恋霍利斯特服饰连锁店。如果你也对这个品牌不熟悉，倒是可以和劳拉聊聊。她确实找不到这个品牌的店铺。那天下午，她一边找店铺，一边跟我说："我想，这家店可能不太欢迎家长入内。"

事实上，除了劳拉意识到的这一点外，这个品牌还有其他很多消费限制。霍利斯特不欢迎家长入内，这就是说，如果你超过 20 岁，进入店内就会有一种被疏远的感觉。店里布置得很像沙滩小屋；灯光很昏暗，音乐震耳欲聋；墙壁上贴着一些青少年的画像，画中的人物摆出各种性感的姿势。还不只这些。公司还公开宣布，如果你是一位不符合霍利斯特的标准"外形"的青少年，就不要费神来这里买衣服。你看，就像它的姊妹品牌"阿贝克隆比 & 费奇"（Abercrombie & Fitch）一样，霍利斯特故意排斥一部分不符合公司审美定义的孩子，也就是那些没有瘦得皮包骨的孩子（具体来说，就是不能穿尺码为 0~9 的衣服的孩子，而且公司的尺码要比标准尺码小）。美国的所有青少年都知道这种情况。如果你是一位中学生，要么属于能穿霍利斯特衣服的群体，要么属于不能穿霍利斯特衣服的群体。

一家零售店对美的定义会让一部分孩子认为自己很漂亮，而这却是以另外一部分孩子认为自己没有魅力为代价的。出于这个原因和其他几个我不想去的理由，霍利斯特这个敌意品牌让我从心底里感到不安，劳拉也有这样的感觉。如果你非常讨厌某种品牌所代表的价值观，那么在面对该品牌的时候，你就不会喜欢它，会对它产生敌意。

我之所以会对敌意品牌有矛盾心理，是因为：只要找到一个能吸引我的品牌，就一定会找到另一个让我感到痛苦的品牌。或者直接一点说，敌意品牌的问题在于，我不知道该选哪一个。

这里还有一个故事，侧重的是另外一个角度。

不久之前，我的小儿子经历了这样一段时期：反穿衬衫。这个行为挺奇怪的，这个一年级的小孩子之前对衣服从来不感兴趣，某天醒来，便从柜子里拿出一件衬衫，把衬衫的里面翻到外面，然后套到自己身上。我问他为什么要这么穿，他只是笑着说，就是喜欢这么穿。吃早饭时，他哥哥逗他说，“这么穿衣服，别人会笑话你的……”但他还是信心满满地说“我就是喜欢这样”。

当我们被“一致性”和“同质性”包围的时候，就会寻找方法制造一点摩擦，目的就是为了让我们与众不同，哪怕只是稍有不同也可以。这就是我在儿子经历奇特的追求时尚的阶段时所想到的。在如今的文化背景下，我们确实没有多少方法可以与其他人在大街上、地铁里或商店里分享内心世界。

敌意品牌——不论是什么类型的品牌——的共同点是，它们与其他品牌有着很大、很明显的差异，无论这种差异是好是坏。也就是说，它们给了我们一个让自己变得与众不同的机会，不管这种不同是好还是坏。它们就像一次性文身一样，在我们的公共身份上文上图案，让我们可以表明彼此的身份，哪怕只是表明一小部分。如果它们消失了，我们可能还需要它们重新出现。其实，每个人都在寻找着自己的衬衫反穿法。

不过，这么做是需要付出代价的。这个代价正是生活在一个无法强制达成共识的社会必须要付出的：你不得不与那些生活方式与你不同的人相处。也就是说，一定会有青少年穿勃肯鞋，一定会有人开 Mini Cooper，也一定会有人开悍马，一定会有人喜欢看奥普拉脱口秀，也一定会有人喜欢听霍华德·斯特恩（Howard Stern）的节目。

然而，这种代价并非坏事。如果世界上有绝对的一致，就没有什么值得我们讨论了。敌意品牌从文化冲突中获得力量，结果，它们能够产生一种新的社会话语。虽然争论总是会让人感到不快，但我宁愿居住在一个温度时高时低的环境中，也不愿居住在一个经过空调调节过，所有物体都有着同样温度和光彩的地方。

此外，虽然敌意品牌确实会引起分化，但它们也能产生神奇的一致性。一天早上，我反穿着衬衫下楼吃早餐。小儿子看到我非常开心，好像我们在那天早上组成了一个俱乐部。我最好的朋友住在波士顿时，她会非常勇敢地在“红袜邦”（Red Sox Nation）的附近戴上纽约扬基队[①]球帽，并且完全无视别人的嘲笑。但是，如果恰巧遇到了一群纽约扬基队球迷，她就会像遇到老朋友一样开心。当你感觉自己处在一个少数群体中时，群体的共同特征就会被放大，所有经历过环球旅行的人都会这么告诉你。鉴于此，我们就会理所当然地认为，敌

---

① 纽约扬基队，波士顿红袜和纽约扬基是美国职业棒球大联盟的两支球队，前者主场是波士顿的芬威球场，后者主场位于美国纽约布朗斯区。——译者注

意品牌在很多情况下是一种社交润滑剂，可以在瞬间把人们团结在一起，从而调节我们的忠诚度。

有人告诉我，Mini Cooper 的车主们在路上相遇时，常常会互相点头示意。我还听说，在 Facebook 上，有将近 500 个群组在共同捍卫马麦酱。有主流，就会有支流。敌意品牌属于后者，它们依靠文化把我们联系在一起，然后又依靠亚文化把我们紧紧捆绑在一起。因此，虽然我们与这些品牌的关系是靠个人的喜好维持的——比如我喜欢这些敌意品牌，讨厌那些敌意品牌——但这也许是我们最喜欢的联结方式。

我还想讲另一个关于敌意品牌的故事，它让我们回到了对品牌营销的最初讨论上。这就是贝纳通（Benetton）的故事。贝纳通是一个意大利品牌，主要生产毛衣、Polo 衫（网球衫）和工装裤等生活必需品，这些产品都是五颜六色的。你可以把它想成融入意大利元素的盖璞（GAP）。故事开始于 20 世纪 80 年代中期至 90 年代早期。当时，贝纳通推出了一系列广告实验。毫不夸张地说，这些广告引发了全球营销界的一场大风暴。

1984 年，这个系列的第一则广告名字叫《世界的全部色彩》。广告展示了一群来自不同国家的青少年，他们穿着各种颜色的贝纳通服装。它看起来很像可口可乐的《山顶》广告，其实，仅仅是另外一则“良好感觉”型广告，目的就是为了让人们觉得穿上贝纳通的衣服会感觉很不错。但这些广告很快就转到了一个比较怪异的方向。转型后的广告更能体现创始人露西阿诺 · 贝纳通（Luciano Benetton）所谓的公司“灵魂”。在意大利著名摄影师奥利维耶罗·托斯卡尼（Oliviero Toscani）的指导下，贝纳通广告中开始出现一些与公司产品完全不相关，但又极具影响力的画面。同时，公司也打出了宣传语：全色彩的贝纳通（The United Colors of Benetton）。

你或许还记得其中一些极具创意的广告图片：一个黑人和一个白人被铐在一起；一堆颜色鲜艳的避孕套；一个刚出生，脐带还没有剪断的孩子在哇哇大哭。接着，公司推出了一系列以时事热点为背景的真实照片，比如一辆被炸毁的汽车、一名手持人体残骸的士兵、躺在床上等死的艾滋病患者、一把美国监狱里的空电椅等。根据贝纳通公司的说法，所有这些图片都被用来强化贝纳通的品牌价值：关注社会、激起民众的道德感、唤醒民众的政治意识等。

毫无疑问，这些广告引起了激烈的争论。鲍勃·加菲尔德（Bob Garfield）等批评家在《广告时代》（*Advertising Age*）上撰文称，这些广告滥用社会资源，纯粹是一种骗人的宣传手段，目的就是“让大多数人感到恐惧，从而向少数人销售高价T恤衫”。这些批评的初衷很明显。它们并不是针对广告中那些与公司产品没有关系的图片，因为企业一直都在使用这种抽象化的品牌宣传方式，而是针对公司要表达的主题，这些主题太令人震惊了。这些主题不具任何包容性，会制造分裂；它们令人感到不安，感到被冒犯；它们发出的是一种刺耳的声音，而不是欢呼声。

但是，对于我来说，贝纳通之所以能够在营销史上如此引人注目，原因正在于此：在全球范围内，它是第一批颠覆传统营销逻辑的品牌中的一员。你只要思考一下就会意识到，其实并没有关于品牌只能激发人们温和情感的规定，也没有关于品牌必须远离文化冲突的规定；当然，也没有关于禁止品牌向政治寻求吸引力的规定。但是，作为消费者，我们已经习惯了企业使用虚假的图像和甜言蜜语式的信息来宣传产品。因此，一旦某个品牌没有遵守这些无节制的、宣扬积极信息的准则，当我们面对它的时候，就不知道该如何应对。其实，问题并不在于贝纳通的广告是否在滥用资源，而是它们是否比我们每天见到的大量"良好感觉"式营销活动滥用了更多资源。

我其实并不确定自己对这些广告的看法。但我能确定的一点是，几年前我第一次看到这些广告时，就决定把它们作为我的教学案例。因为这些广告不仅让我对贝纳通有了新的看法，还能够让我有所思考。很少有品牌营销活动能让我同时产生这两种反应。就这一点而言，它们已经打败了很多其他广告。

从可口可乐公司和微笑式营销开始，品牌营销已经取得了长足的发展。以前，值得人们研究的品牌是那些让我们感觉良好的品牌，那些会愉快地张开双臂迎接我们的品牌。它们有的属于知名的大众化品牌，有些则属于市场定位更明确的不知名品牌。这些品牌的共同之处在于，它们采用的品牌营销方法都是人类学家格兰特·麦克拉肯（Grant McCracken）所杜撰的"吟游诗人营销法"：以吟唱的方式追求人们对品牌的最大认同。

现在，当我面对这种品牌营销时，我的反应和学生们的反应是一样的。这种营销方式显示出的信息量太大，但同时也太少。在一个充斥着过度承诺和虚假现实的营销环境里，没有什么会留下痕迹。

另外，我发现自己逐渐关注的品牌，都是一些不怕引起一系列更复杂反应的品牌，一些不怕在地面上打一根桩，逼迫我们到两边排队的品牌。我的一个学生说过，对于已经厌倦了传统营销的人们，反营销就是出路。我认为他说得很对。我们认为敌意品牌变化无常，带有两极性，那是因为我们把这层含义强加给了它们。这些品牌能激起强烈的感情，能发出不和谐的声音，能引起争论，而且还能打动人心。

第8章　差异化

最近我一直在想，在生命中的某个时期，你会开始体会父母抚养你的整个过程。在这段时期，你看着年迈父母的眼睛，能够真实地感觉到“亲属钟摆”改变了方向，以一种你始料未及的力度朝你摆动回来。在这段时期，你开始意识到，作为子女，你不能再让他们照顾你了，而是要由你来照顾他们。我想，应该不会只有我一个人在经历这段时期时感到痛苦。照顾小孩子是很容易的，因为你随时随地都能得到回报，而且也随时能品尝到付出所获得的成果。但在照顾老年人时，你就要依靠内心深处的记忆去支撑自己。

更麻烦的是，这种责任转换几乎没有给你留下从容适应的时间。你不可能轻松地进入新角色，而是被迫接受。这种剧变引起的情感变化可能会使你的内心烦躁不安。

所以，如果偶然看到哪个子女在这个时期来临后，仍然以一种未被岁月冲淡的激情接受这种转变，你一定会很激动。当我看到这样的场面时，我对子女和父母都会怀有一种敬仰之心。敬仰这些子女，是因为他们能够在内心深处优雅流畅地勾画出生命之轮的最后一段弧线；敬仰这些父母，是因为他们付出了自己的一生，为儿女们创造了美好的回忆，而这些回忆正是支撑儿女们的宝贵力量。

弗洛林 79 岁，是一位优雅的家族女王，她有 4 个孙子。她的皮肤白皙平滑，几乎透明。我很喜欢她。当她和你分享一个有趣的故事的时候，会摸一摸你的手臂；和你说再见的时候，会用手拍拍你的脸。不久之前，她的儿女决定让她搬到新公寓。这几年，弗洛林的身体越来越虚弱，儿女们希望她能住到离自己比较近的地方。

对于搬家这件事，弗洛林有点拿不定主意。她喜欢自己的老房子，感觉住在里面很有安全感。为了减轻她的不安全感，她的孩子们决定将搬家给她带来的困扰降到最低。对于他们来说，要做到这一点，就意味着要把老房子里的东西搬到新公寓，要把新公寓布置得和老房子一模一样。说实话，我觉得这种“再创造”尝试有点疯狂。但他们就是要这么做。他们测量家具、搬东西、打包、拆包，度过了疯狂的一周。他们如此投入，我不相信他们会达不到目的。

结果真是令人吃惊。当弗洛林第一次走进新家时，所有物品都摆放在她“记忆”中的地方。她的沙发原来就在这儿，扶椅原来就在那儿，墙上的照片原来就贴在这儿，或贴在那儿。甚至衣服也是按照原来的样子摆放在衣柜里的。因此，从她踏入新家大门的那一刻开始，她就感到很安全，很放心。熟悉感对她来说就是避难所，让她在面对这个她原以为会不习惯的环境时，感到温暖并充满信心。

按照惯例，人们在搬入新家后会收到乔迁礼物。这个礼物可能会给新居带来一抹亮色，也可能很新奇，或者会让新居焕发出勃勃生机。但是，当看到弗洛林的儿女们帮她搬家时，我在想，她的儿女们送给她的这份礼物，为“乔迁礼物”这个词赋予了新的含义。人们在体验相同的事情时，会产生一种熟悉感。在这个故事里，弗洛林需要的正是这种熟悉感。她的孩子们一定深切地体会到了这一点，所以他们的行为非常适合当时的情况。

有趣的是，他们的“礼物”是看不见的，弗洛林几乎瞬间就忘记了自己曾经收到过这样的礼物。搬到新家不到几个小时，她就能在房间里非常自在地走动，有时好像都忘记自己已经搬家了。这就是熟悉感的另外一面：熟悉感之所以会带来舒适感，是因为人们对所有事情都不担心。也就是说，这是一种带有忽视性的舒适。不过，弗洛林的儿女们对这一点可是漠不关心，他们可不是为了“注意力”才这样做的。对于他们来说，最重要的是母亲能获得一种受保护的感觉，能感觉到所有东西都是原封不动的。也就是说，要让她感觉像在自己的家里。

有熟悉感，就会有变化；有相似，就会有不同。我常常想，可以这样描述人们的总体生存状况：对于旧东西，可以偶尔为它添加一些新的东西；对于维持现状的东西，可以偶尔让它有一些变化。这两种对立状态形成了我们生活中的阴和阳。虽然阴和阳处于对立面，但它们是互补的。因为在我们所做的所有事情中，它们总是互相依赖、相辅相成。

当不稳定使我们不知所措时，我们就会渴望稳定。也就是说，像弗洛林房间里贴的照片、摆放的扶椅这类基本物品，是人们不安灵魂的安定器。我送儿子入幼儿园时，他的老师塞尔曼夫人建议我，第一天送他们上学时，要给他们带上一些“平衡物”——他们喜欢的充气玩具、毛毯或其他玩具，这样就可以帮助他们在走进一个由黑板、桌子和自助餐厅构成的恐怖世界后，逐渐安定下来。在这里，塞尔曼夫人明白，人们在面对变化时会感到不知所措，而一件熟悉的小物件能够安慰我们的心灵。

相反，当我们的生活中充斥着相同的事物时，我们的敏感度会降低。过多的熟悉感会很奇怪地让事物隐形。从办公室开车回家，这个过程我已经重复了很多次，所以在驶入车道时，根本不用思考自己是怎么把车开过来的。超过大门时，我对周围的环境根本没有印象。在一定程度上，“没有印象”会变成一种知觉缺失。毫不夸张地说，这就是“熟悉感”中蕴含的禅意：没有刺激，就不会有太多的乐趣。

心理学家埃伦·兰格（Ellen Langer）花费大量时间研究一种她所谓的“不用心”（mindlessness）现象。这种现象指的是，我们在做事情时很容易陷入“自动驾驶”状态，而不做任何思考。这种现象主要是由“过度学习”——习惯了以某种方式对事物做出反应，以至意识不到自己已经做出了反应——造成的。当我们处于“不用心”的行为状态时，即使肉体在动，精神依然处于迟钝的状态。兰格的意思大致如下：如果“阴”过盛，而“阳”过少，确实会让人头脑一片空白。

这就是说，“相同”是一种最好要适量服用的药剂。有时候，我在课堂上会和学生们玩这个游戏：我让他们离开原来的位置，在另外一个不同的位置上坐一天，目的就是为了带来一点变化。为了让房间看起来有点新鲜感，我会常常更换家具的位置。而塞尔曼夫人则有她自己的方法：每到学期末，幼儿园里的小朋友都习惯了日复一日的例行事务。这时，她会带小朋友去郊游，或者请一些人来参观教室，或者采用其他能够降低倦怠感的方法。

换句话说，当对立面统一起来，就能产生平衡。相同代表着停滞不前，差异代表着变化。如果二者恰好处于统一的动态平衡中，世界上的所有事情都会变得美好。我们需要稳定感，但同样需要受刺激。就像我们需要摄取足够的无味碳水化合物，但也不能过量，否则就会昏昏欲睡。

如果很长时间都没有变化，我们就会无精打采，就会感觉很懒散，还会感到焦躁不安，然后开始渴望一些新奇的东西。

提到当今的消费世界，你应该能看得出，“不用心”已经占了上风。无论是在商店的货架中间，还是在购物中心的商店里，周围的产品品牌都引不起我们的注意。是啊，我们看到沙发在那儿，扶椅在这儿，但我们的眼睛却麻木了。

更进一步来说，我觉得这种现象会永远持续下去：在大多数情况下，我们的周围全是一些无法产生任何影响的品牌。为什么会这样呢？因为在如今的商界，一致性已经成为通用标准。这并不是因为企业追求一致而形成的，而是因为它们追求竞争而形成的。但不管怎么说，最后的结果是一样的。竞争和一致像两个亲兄弟，总是紧紧联系在一起，原因很简单，人们只有朝一个方向奔跑，比赛才能进行下去。

同时，能够成功地从模糊化的产品类别中脱颖而出的品牌——也就是上文提到的创意品牌——总是少数的。“一致性”这股洪流过于强大，阻碍了很多创意品牌的出现。但正是因为这些品牌代表着卓尔不群、与众不同、非比寻常，我们才会如此依赖它们，好让我们找回消费的重点。

创意品牌不会参与竞争，这是最重要的一点。它们对“区分”的兴趣远远大于对“比较”的兴趣。因此，无论是吸引了我们，还是惹怒了我们，我们都会重新关注这些品牌。

另外，创意品牌吸引人们注意力的方式多种多样。逆向战略品牌采用的方法是忽视产品类别中的扩增趋势；超越行业的品牌采用的方法是忽视产品类别界限，向固有的产品定义宣战；而敌意品牌采用的方法则是拒绝遵守吸引顾客的传统理念。总体而言，这些品牌说明，当“相同”泛滥成灾时，只要一点点不同就能够重新唤起人们的感觉。

话说回来，我在上一章曾经提到过一种分类，包括了实行逆向战略的品牌、超越行业的品牌和敌意品牌。其实，类似的分类是有问题的，它们不仅显得很刻板，而且还很迷信权威。这两种后果都不是我想要的。

相反，我希望这几个分类能像一个新创的词语一样对你有所帮助。有了这几个分类，我们就有了一个比较舒适的连接点。如果你和我谈论宜家，我首先会说，这好像是一个逆向战略品牌，同时带有一些敌意性。因为你知道我这么说是什么意思，我们就可以省略一些肤浅的语句，然后直接开始讨论这个品牌，我们都可以从中学到不少东西。我觉得，这种分类是有意义的。如果你使用了适当的语言，这些语言本身就会对建立深层次探究所需的共同基础大有裨益。

所以，我希望你把这三个类别看成一种观念上的启发，而不是必须要遵守的规则。大多数品牌，尤其是那些能引人注目的品牌，从本质上说都像“戈尔迪之结[①]”一样难以对付。也就是说，它们太错综复杂，很难对它们做出概括性的描述。但这并不代表我们不能尝试，因为我们已经建立了一套通用语言，所以我希望所有对品牌的解构都能变得更容易一些。

举个例子，请看苹果这个品牌。这么多年来，苹果公司坚持“混搭”本书中描述的各种品牌营销法，形成了一套远离传统的营销方法。例如，它是一个逆向战略品牌大师，一直抵制其他科技类品牌拥有的功能。直到如今，Mac 电脑的用户还必须接受不带双键的鼠标；MacBook Air 笔记本用户也必须接受机身上没有标准接口串这一事实；而 iPhone 手机用户则必须接受不能拆卸的电池。但是，苹果的狂热爱好者们完全接受了这些，当然，一部分原因是苹果令人惊艳的产品设计和靓丽的界面弥补了上述缺点。

苹果还是一个超越行业的品牌大师，它不断推出超越产品类别界限的产品。当苹果宣布推出 iPhone 的时候，这一点表现得特别明显。iPhone 的推出，标志着苹果公司开始进军手机市场。如果你能回忆起来，就会发现，人们在产品推出之前表现出的狂热，其实与苹果

① 戈尔迪之结，戈尔迪（Gordian）是古希腊神话中的一个国王，他打了一个很复杂的结，把它放在了宙斯的神庙里。根据神示，解开这个结的人能统治亚洲。经过很多世纪，仍然没人能结开，直到亚历山大大帝挥剑将它劈成两半，这个结才最终解开。现在，“戈尔迪之结”（Gordian's Knot）用来比喻一些很难理清的问题。——译者注

要进军手机市场没有多大关系，重要的是 iPhone 横跨多个产品类别，重新定义了智能手机。事实确实如此，iPhone 就是一个集手机、iPod 音乐播放器和浏览器于一体的结合体，已经脱离了其所属的类别。

另外，苹果还是一个敌意品牌大师。苹果公司对市场的态度永远都是：要么支持我们，要么反对我们。另外，在长期播出的 Mac 电脑对抗个人计算机的广告中，公司已经明确地表达了自己对 Mac 电脑与个人计算机对抗性争论的立场。多年来，在苹果迷和诋毁苹果的人们中间，这种争论的热度一直不减。在另外一些方面，公司也把“异化”这门艺术发挥到了极致。例如，苹果产品的定价都很高；它的高度保密文化；它的不回应策略；它的“要么选择，要么放弃”的高姿态。这种姿态显示出一种令人吃惊的傲慢，好像苹果是在轻视用户。尽管如此——或许也正因为如此，苹果一直保持着迷人的魅力。在一个大多数消费者都是实用主义者或投机主义者的产品类别里，苹果绝对是最耀眼的品牌，这一点可以从苹果的大批支持者身上看出来。

苹果这个案例说明，逆向战略品牌、超越行业的品牌和敌意品牌这三个概念可以相辅相成，偶尔还可以互相促进。另外，这个品牌对消费者的持续吸引力又在提醒我们，在竞争性同质化这片海洋中，差异化的魅力不可小觑。

我的这种分类法既不可靠，又不完整。差异化的形式有很多种，还有一些和这三种类型完全不同的形式。我没有办法详细说明这一点，我只能说，如果你希望做到与众不同，把自己限制在这几种类型中反而会弄巧成拙。

下面两个案例正说明了这一点，它们既不属于逆向战略品牌，又不属于超越行业的品牌或敌意品牌。

提到哈雷－戴维森（Harley-Davidson），大多数人都会想到一种代表“肮脏和粗鄙”形象的摩托车品牌。《飞车党》（*The Wild One*）和《逍遥骑士》（*Easy Rider*）这两部电影，以及地狱天使摩托车黑社会团伙（Hells Angels motorcycle gang），使这种形象更加深入人心。事实上，全世界都知道，那些冷酷无情、处境艰难的歹徒们确实喜欢把哈雷摩托——俗称 hogs——当作自己的座驾。

但大多数人并不知道，就在不久之前，哈雷·戴维森公司陷入过一场危机。这场危机开始于 20 世纪 60 年代。当时，本田汽车公司开始进军摩托车市场。其品牌定位广告可谓当时最成功的广告，广告语是：“骑本田车，你能遇到世界上最善良的人。”雅马哈、铃木和川崎相继追随本田进入摩托车市场。到 20 世纪 80 年代，业内人士发现，哈雷摩托已经远远落在了后面。

对于哈雷来说，这是一段性命攸关的时期。部分问题在于，摩托车市场已经有所发展，而哈雷却没有赶上潮流：对于主流车主而言，摩托车驾驶比以前轻松了很多，而且危险性也降低了很多。这就意味着，拥有庞大的双缸发动机、低沉的轰鸣声和霸气外形的哈雷摩托车很可能会成为有着很多裂痕、锈迹斑斑的历史遗物。公司马上要垮掉，面临着破产的危险，而其日本对手却越来越强大。

尽管如此，在制订转型策略时，哈雷依然抗拒传统的商业思维。它没有屈服于当时的市场潮流，使摩托车的设计更现代，外形更柔和，而是决定强化自身形象，这种强化甚至有些极端。它再次承诺，要延续 20 世纪四五十年代的经典摩托车风格，另外还决定建立哈雷车主俱乐部（Harley Owners Group，简称 HOG），以恢复其品牌传统，即粗暴和肮脏的亡命徒形象。成立了车主俱乐部之后，哈雷公司就开始举办各种车主聚会和摩托车越野赛。这些活动实际上为车主们提供了一个机会，让他们可以在乡间奔驰，在炫耀摩托车的同时，回想着昔日那些既危险又自由奔放的摩托车团伙。

这种策略的风险在于，随着市场形势的改变，哈雷的消费者也会有所改变。多年来，哈雷车主的年龄和薪水都在稳步增长。现在，主流哈雷车主大多是 40~55 岁的富裕白领阶层。很多业内人士喜欢嘲笑哈雷："这些车主只会是执法者，怎么可能会是违法者。"他们的意思是，从表面上看，哈雷的新承诺——成为只有魔鬼才会关心的歹徒的摩托车——看起来与哈雷车主的社会经济情况完全不符。但哈雷公司对现实不感兴趣，它要唤起的是一个幻想中的世界。这就需要搭建一座精致的海市蜃楼——由已经组建好的 HOG 俱乐部和一系列表演性的聚会组成——为梦想赋予新的生命力。

当某个企业无视行业内的人口分布发展趋势，或者更糟的是，无视其客户群体的变化情况时，我们就会给它贴上"脱离现实"的标签，但这正是哈雷公司的所作所为。一大群车主骑着哈雷摩托在小镇上咆哮而过时的视听感受不仅强化了哈雷的复古传统，还创造出一个梦幻般的周末世界，这个世界与车主们所处的现实世界相去甚远。于是，社会经济现实也不得不让位于哈雷认真搭建起来的神话世界。

如今，如果你拥有一辆哈雷摩托车，那么，无论你的现实生活如何枯燥乏味，哈雷都会把你当作真正的摩托车骑手，还会让你有机会在幻想中飞翔。哈雷最终成为一个与一种文化现象紧密联系的商业品牌。它的 HOG 车主俱乐部成员已经接近 100 万人，是目前世界上最大的摩托车俱乐部。哈雷摩托车迷们对这个品牌极其忠诚，他们甚至把哈雷的标志文在自己的皮肤上。哈雷把人们梦寐以求的骑手荣耀提高到一个梦幻般的新高度。

我再次强调，很难把哈雷这个品牌归入我所提到的三种品牌，但这正是它值得研究的地方：哈雷公司知道用独特的方式定义差异化，这种方式对它自身也是非常有意义的。

下面是第二个案例。

美容行业里的大多数品牌——包括香皂、洗面奶、润肤露、美发产品等——定位都是销售人们梦寐以求的“美丽”，我们很容易把这种美丽与靓丽的超级模特联系在一起。这些品牌向我们的大脑里塞满了广告牌上的魅力明星和在 T 台上光芒四射的模特。这些品牌暗示我们，要想达到这种美丽的程度，就得消费它们的产品。这当然属于无稽之谈。不过，在这个方面，这些品牌和哈雷很相似：它们对编造故事非常感兴趣，而且编故事的目的并不是“说服”消费者，而是“引诱”消费者。但是，在这个行业里，几乎所有品牌都是这么做的，在这样的行业里竞争，单个品牌很难脱颖而出。

正因为如此，联合利华旗下的护肤品品牌多芬（Dove）推出的“真实的美丽”系列品牌定位活动才能脱颖而出。2004 年，这个品牌的推广活动拉开了序幕，打破了“使用产品就能达到遥不可及的超级模特式美丽”这个行业神话，并高度赞扬普通女人的美德。这个活动的目的就是让美丽这个概念回归现实，让人们可以重新获得美丽。注意，这就要求拍摄一系列看上去很普通的广告：多芬广告里的人物都是很普通、很真实的女人，而不是职业模特。她们身材各异，高矮不一，只穿着简单的内衣。这就是全部。一群长得很普通的女人穿着普通的内衣在消磨时光，就是这么简单。

但是，你绝对想不到，这则广告就像是扔进了这个行业的一颗原子弹。在当时的行业背景下，“普通”这个概念就是这么激进。一位业内人士在《品牌频道》(*Brandchannel*) 杂志上撰文评论道：“多芬确实是很诚实，但这种诚实是否给女人们留下了足够的幻想空间呢？”还有一些评论更尖刻，就像网络杂志《石板书》(*Slate*) 上的评论：“提到你想要的真实美丽——如果你是专门为胖女孩设计的品牌，那你就彻底完蛋了。”

多芬的“真实的美丽”系列广告还有其他形式。最特别的要属在YouTube上播出的一部时长112秒的视频短片，短片的名字叫《进化》(*Evolution*)。这则广告通过缩时摄影法，展示了杂志和广告牌上靓丽偶像背后的谎言。在短片中，你看到一位极其普通的女人忍受着化妆、修面等艰难的过程，目的就是为了让自己变得“非常漂亮”。这个广告带有一点揭露的性质——在短片最后，经过化妆和修饰的那张脸几乎和这个女人真实的面貌没有任何相似之处。

多芬的系列广告和这段视频在短期内引起了轰动。活动推出不久，《进化》这部短片就成为有史以来YouTube上下载次数最多的一则广告。像凯迪·库拉克（Katie Couric）和奥普拉这些名人也在节目中安排大量时间，谈论这场活动引发的问题。另外，由于这一系列广告的影响，女人们蜂拥而至，都要购买多芬产品。她们成为这个品牌成立50年以来最为热情的消费者。多芬官网讨论区内的留言也充满着自发的热情，例如下面这段内容：

> 我们周围的报纸、电视和电影都在告诉我们，女人要瘦一些，要像《进化》中的那个被涂抹得无法辨认的女人一样漂亮。但是，我们就站在这里，我们是这个世界的真实女人，当面对这个事实的时候，我们感觉很糟糕。我丈夫爱的就是我本来的样子……他每天都说我很性感。但照镜子的时候，我还是感觉不开心。或许，所有女人都应该按照爱人看待自己的方式来看待自己。我发誓，我一定会这么做，而且我还要鼓动我的所有女性朋友都这么做！我们是女人，我们很强大，有人爱我们！

“真实的美丽”这一系列广告证明，美国的女人已经厌烦了那些总是宣扬遥不可及的传统审美观的品牌。在这样的背景下，多芬认为，要想生产出独特的产品，就要让品牌大众化。于是，就有了一系列让多芬感到非常自豪和光荣的、使品牌大众化的推广活动。

我之所以喜欢多芬和哈雷这两个案例，是因为它们都是实现了差异化的品牌，但实现差异化的方法完全不同。多芬通过打破一种幻想实现了差异化，哈雷却是依靠培养一种幻想实现了差异化。虽然二者都不属于我所提到的三个品牌类别，但它们都强化了我的观点：不能用既有的标准去捏造差异化。我们所谓的差异，完全取决于我们自己的标准。

事实上，尝试为“差异化”下定义，就像是尝试为“对立面”下定义一样，如果缺少语境，就不会有实质内容。所以，一种理论框架——应该是所有理论框架——只能捕捉到差异化的某个方面而已。

这种说法包括几层含义。第一，确定差异化的最好方法就是去寻找它。很难预先将差异概念化，但辨识差别却很简单。如果某个事物在本质上与众不同，自然就会脱颖而出。借用美国最高法院前法官波特·斯图尔特（Potter Stewart）的话（其实他是在说猥亵罪，但你应该能领会他的意思），就是：很难准确描述其性质，但是主观判断的门槛却相当低——看一眼就会明白。

第二，实现差异化的方法有很多种。如果你认真想一想，反叛方式和创新方式有多少种，实现差异化的方法就有多少种。谁都无法控制差异化，也无法控制特立独行的行为或思想。

第三，虽然有很多实现差异化的方法，但并不是所有方法都会产生同样的差异化。要想使差异化与众不同，不仅要远离平均态，还要与其保持足够的距离，远到足以产生意义。换句话说，就是要引起反响。我们必须去发掘差异，至少要有一部分人这么做。要想使差异产生巨大的魅力，就必须摆脱常规，必须与消费者产生共鸣。

在我读中学的时候，一位老师给全班同学布置了一项任务，要求我们在 24 小时内完成。这项任务就是，尽量在 24 小时内成为一个不落俗套的人。根据老师的说法，这项任务的目的是给我们提供一个互相展示真实自我的机会。这项任务的基本要求是：不能伤害或打扰他人，不能违反学校的校规。

那天早上，我决定穿一件比较奇特的衣服去学校，向大家展示我的不落俗套。那件衣服是睡衣和运动衫的混合体，穿上它给人的感觉就好像刚从床上爬起来。到了学校，我发现很多同学跟我走的是同一条路线——他们都用衣服展示自己的个性。走廊里全是穿着各种滑稽衣服的学生。还有一些同学梳着非常夸张的发型，另外一些同学则在身上挂满了奇怪的首饰，脸上的妆容也很怪异。还有一少部分同学选择用一种傻里傻气、引人注目的方式表现自己。我记得，有一群女孩儿手拉手在班级之间的走廊里跳来跳去，就好像是一群幼儿园的小朋友。还有一个女孩儿在餐厅里做侧手翻，她是一名体操运动员。

回想起来，我猜你会说这项任务真是令人难以忘怀。别误会，对于这件事，我其实是想说，我们在那天都没有展示出真实的自我，或者说，至少我是这么认为的。回想起来，我甚至都不确定老师是否期待我们能够展示出真实的自己。毕竟，对于一帮赶时髦的青少年来说，这样的要求有点过分。大多数人都是装装样子，做一些恶作剧。我们自己也知道，这些恶作剧最多只能换来一阵毫无意义的笑声。

不过，有一个孩子让我记住了那一天。我姑且叫他“J”。顺便提一下，他是所有同学中最不可能做到不落俗套的人。J 是一个很安静的孩子，不是特别招人讨厌，但也不怎么受人欢迎，完全不是那种能吸引别人注意力的孩子。那天上午，他穿着平时常穿的衣服来到学校，看起来和往常没什么两样。但是，当他在那天的第一节课上（我忘记了是什么课，可能是历史，也可能是物理，或者是其他课）举起手，按老师的要求回答问题时，他做了一件特别不可思议的事情：他站了起来，并且回答了这个问题。

没错，他站起来回答了这个问题。而且，他在回答的时候，声音特别轻柔，语调特别诚恳，态度特别恭敬。就好像没有什么比这节课和这个答案更重要，意义更重大。我记得，当时我和班里的其他孩子对望一眼，好像在说：这家伙是认真的吗？

第二节课上，他还是这样表现的。每次老师让他回答问题时，他都会站起来，给出自己的答案。而且每次回答问题的时候，他都非常真诚。似乎他真的特别在乎这个问题，并且特别想为他的答案赋予某种意义。这还不算，他还会用“阁下”或“女士”称呼老师，用“某某先生”或“某某小姐”称呼班里的其他同学。每节课结束的时候，他都会跑到教室前面和老师握手，然后很温和地对老师说谢谢。

J 第一次这么做的时候，我们忍不住笑起来。说实在的，这能怪我们吗？整件事情看起来真是特别古怪，而我们都是那种期待滑稽事情的人。但是，当这一天逐渐过去，笑声也渐渐消失了，我们开始意识到，J 做了一件非常了不起的事情，一件让人感觉他非常高贵、成熟，甚至还有一点勇敢的事情。而且，他真的做得很好。他的行为透出了他的用心，还有他极大的诚意。我代表不了整个班级的同学，但是在这天结束的时候，我和朋友们都觉得，J 所做的事情才是真正的不落俗套。

我从这次任务中学到的是：差异化有两种，一种是毫无意义的差异化，另一种则是含义深刻的差异化。在我决定穿着一件古怪的衣服去学校时，我就知道这么做的人肯定不止我一个。但是，我仍然采用了这种方法，因为我不想费心思去寻找另外一种更有意义的方法。说实话，我根本没打算让自己变得与众不同，即使我打算这么做，也仅仅是选择了一种毫无意义的方式。在这一点上，这么做的人不止我一个，大多数同学都选择了这种毫无意义的方式。

只有 J 没有这样做。在 24 小时内，他彻底颠覆了自己，我们都看到了这个事实。我不确定他为什么要这么做，或许他真的想告诉我们一些东西。不管是什么原因，只有 J 选择了一种含义深刻的方式。那天结束的时候，我认为，班里所有同学都很尊重他。

在试图引起别人注意的时候，很多人都选择了不费力气、不用动脑的方式。他们试图通过洪亮的声音，通过装傻，或者穿一件软塌塌的睡衣到学校来吸引别人的注意力。当这些行为真的出现时，如果我们有足够的时间去思考，结果会是这样的：我们很容易就能区分没有表达任何意义的人和表达了一些意义的人。对于前者，我们会觉得他们没有任何特别之处，很快就不会再关注他们；而对于后者，我们会投入全部注意力，真心地给予他们不同于其他人的尊重。

我认为这个道理同样适用于产品品牌。总是会有很多品牌去寻求一些简单的骗人把戏或者是吸引注意力的噱头。这些沽名钓誉的行为与那位体操运动员在学校餐厅里做侧手翻的行为很相似。一旦这些品牌开始这么做，我们就会有这样的反应：忽略那些无名之辈，在记忆里珍藏那些真正值得关注的品牌——多芬、哈雷、苹果等——因为这些品牌选择了一条能与我们产生共鸣，能够传达出某种意义的差异化道路。

弗洛林搬到新家已经有一年了。正如你所料，她已经按照一套正常的作息规律生活了。她早上起床后吃早餐，和朋友们下棋。然后吃午餐，做运动，下午再参加一些活动。之后就是晚餐，最后上床睡觉。事实上，她的日常生活太程序化了，孩子们还得努力想办法哄她出门。单调的生活似乎同样会耗费人的体力和精力，只是耗费的方式与过度操劳不同罢了。所以，孩子们不遗余力地要破坏她循规蹈矩的生活。女儿会带她出去做头发。早餐时，儿子会带她到自己家里吃煎饼。

弗洛林的丈夫里奇生前曾开玩笑说，对抗衰老的秘诀就是要不断变换目标。随着年龄的增长，我越来越认同这种说法。静止不动的生活，貌似可以放松感官，但最终会让感官变得迟钝。因此，人需要稳定的同时，也需要一些改变。这其中没有别的原因，就是因为在这些改变中，我们能再次感受到自己的神经兴奋，有时候甚至能感受到孩提时的狂热。

最近，弗洛林的孩子们在波士顿市区一家很时髦的餐厅举行了一场家庭聚会。帮助弗洛林为这场聚会做准备是一项很艰巨的任务——要去接她，帮她穿好衣服，把她送到聚会现场，确保她在聚会上感觉舒服，然后还要安全地把她送回家。

那天晚上，我有幸能坐在她的旁边。下面就是那大晚上我观察到的情况：弗洛林确实非常开心，显得容光焕发，非常有魅力，而且和以往一样健谈。我们聊着、大笑着，分享彼此的故事，一直玩到深夜。我发现，随着时间流逝、年华老去和生命力日渐衰退，弗洛林个人生活的平衡点已经转向了“静默”，这就需要不时地给她一些刺激，她就会感觉到前所未有的“平衡”。

那天晚上，关于里奇的话，我想了很多。变动、变化、差异……当我们周围的所有事物都静止时，这些因素可以为我们的生命注入新的活力。

哈佛商学院最受欢迎的营销课

Different:
Escaping the Competitive Herd

第三部分　人性化（反思）

第 9 章 营销近视症回顾

大约四五年前，我从关于差异的一种简单文化基因[①]入手，开始着手本书背后的研究。在当前的文化环境下，我们的周围充斥着只会释放背景噪声的品牌，这些噪声非常惹人讨厌。但是，在这一片白噪声[②]中，还是有少数品牌成功地制造出了可以发出有意义声音的乐器。我急切希望从学术角度研究这些乐器的音响效果。不过，你别忘了，在学术研究领域，有这样一条不成文的规定：当你决定投入大量时间展开某项研究时，你就应该在研究结束后得出一个关于这项研究的明确结论。比如，一种新的思考"模式"，或者至少是一套企业管理人员和学者可以"带走"的定论。但是，研究刚开始我就发现，这种现象明显不会发生在我身上。

---

① 文化基因（meme），英文原词源自英国科学家理查德·道金斯的《自私的基因》一书。为了让它读上去更像"gene"（基因），道金斯把"mimeme"（模仿）一词的希腊词根去掉，就有了 meme 一词。意思就是文化的基本单位，通过非遗传的方式，特别是模仿而得到传递。这种基因与生物基因相对，指的是一个群体的文化特质，具有记忆和模仿的特征。国内也有"模因"这个译法。——译者注

② 白噪声（white noise），所有频率具有相同能量的随机噪声。——译者注

人类的行为非常复杂，在开始这次研究之前我就知道这一点。然而，真正使我受挫的一点是，研究人类行为并不能简化其复杂性。要成为一名学者，就要致力探究最基本的事实。但是，我在研究过程中却发现，在研究人类行为时，事实往往难以捉摸。不错，人们渴望熟悉感……但是……有时他们也渴望变化；人们期待前进，他们也很向往回到过去；不错，人们想要得到更多的东西……但是……其实他们真正想要的是更少的东西。

其实，在研究过程中，我常常会隐约想起多年前看过的一部老卡通片。在片中，一个倒霉的猎鸟人和他的死对头——一只啄木鸟——一起被困在了一艘船上。这只啄木鸟显然比猎鸟人聪明，它决定要把这艘船弄沉（淹死这名猎人）。于是，它就在船上啄了一个洞。船开始进水，笨手笨脚的猎鸟人开始疯狂地封堵这个洞，但这个目标看起来很难实现，因为他刚把这个洞堵上，啄木鸟就得意扬扬地又在船上啄了一个洞。过了一会，猎鸟人泄气了，他决定不再堵洞，而是决定把这只鸟射死。结果你应该也猜到了，他不仅没有射中啄木鸟，反而把船又打出一个洞。

我很理解这位猎鸟人的痛苦。在研究过程中，似乎只要到了我感觉终于可以下结论的时候，也就是我似乎对消费者的消费行为和消费原因有了确定无疑的解释时，我就会有一些新的发现，这些发现让我之前还不严密的结论有了漏洞。结果就是，我对这项研究越投入，就越难对所有事情下定论。

但是，下面提到的内容支撑我坚持了下去。

我读研究生的时候，遇到了一位堪称“宝石”的好导师，我这么说并不是因为他聪明（他当然很聪明。不过，说实话，天才在顶尖学术圈里是很常见的。所以，他的吸引力肯定不在这里)。我之所以说他是学术圈中的“宝石”，是因为他看待这个世界的方式总是脱离常规的。换句话说，在他讲话之前，你从来都想不到他会说什么。出于职业需要，学者们通常都会非常谨慎。但这位先生却是学术界的自由分子，他的观点不受任何约束，他的思想也非常自由，即使你不同意他的观点，即使你确定他的看法完全错误，他每次说话的时候，你还是会非常认真地聆听。他不仅改变了你的思考方式，还拓宽了你的视野，让你去思考一些你从未想过要思考的事物。

记得有一次，我问他，他的思想为什么会那么无拘无束，还有他为什么能轻而易举地得出那么多奇怪、反常的见解。他的回答对我很有启发：

> “我不会担心自己是否每次都是百分之百正确，就是这一点解放了我。如果我的目标是‘永远正确’，那我对这个世界就不会有什么贡献。相反，我会去努力寻找我能找到的最有趣的那2%，然后提出我的观点，而这种观点是其他人在任何地方都无法获得的。这其中的秘诀就是，要对其他人从来都不关注的事物保持兴趣。”

在过去的四五年里，我时常会想起导师的这段话。当提到人类行为的研究时，我就觉得，其实并不是事实本身难以捉摸，而是在于它根本就是液体，会从四面八方向你涌来，然后从各个角度渗漏出去。也就是说，对于学者而言，真正的危险并不是混淆是非，而是任由自己陷入一种“所有事情都可能会有定论”的思维中。因为关于人类行为，“事实”的范围要广得多，就像海洋一样无边无际。

另外，如果每个人都只敢讨论、撰写或发表一些确定无疑的事情，我们根本不会对做出贡献感兴趣。我最终从这位导师身上学到了一个道理：如果对自己的提议过于谨慎，我们就会失去谈论扭转肤浅印象、新发现或发现惊奇事物的机会。

这本书其实是一本工作草案。也就是说，当我只是简单地把大脑中的想法写在纸上时，我会处于一种很自然的状态。而我在写这本书的时候，就是努力让自己处于这种状态。书中有些内容可能是正确的，有些内容也可能是错误的。本书就是一艘存在很多漏洞的船。但是，在整本书中，我一直在努力坚守我深信不疑的两个信念。第一个信念是：保持倾斜化是有价值的。对于我的那位导师，我最佩服他这一点：一旦决定专注于某件事情，他首先换一个角度看待这件事情，以便他从一个倾斜的角度去谈论它。在整本书中，我也在尝试这么做。我尝试着从与人们的习惯略有偏离的角度去阐述事情。

第二个信念是：挑衅是有价值的。这种价值与那些不可违反的商业惯例所传递出的价值完全不同。本书接下来的部分尤其能体现出这种信念。在这一部分，我针对当前企业所面临的差异化挑战，提出几点自己的想法。我要说明的是，这些想法与刊登在商业刊物最后的那些带有指南性质的、可以“带走”的内容完全不一样。它们只是我个人经过反复思考的一些想法和一些比较随意的观察结果，也就是我的那 2%，而且还是带有实验性质的 2%。但我还是把它们写了出来，因为就像我的那位导师一样，我受到了这种见解的感召：有时候，把谈话内容引到一些我们可能注意不到的，但却很酷的事物上，可能就是对这次谈话做出的最大贡献。

在商界，差异化意味着一切，我们都懂得这个道理。在商学院，我们一直在强调差异化的重要性；而企业的管理层也是围绕着“差异化”这个概念制订相关商业策略的。

但是，我们都忘了什么是差异。我在这里用的是“我们”，因为我和其他人一样也犯了这个错误。我们都是这样，所有接触当今商业运作方式的人们都是这样，这其中也包括企业的管理者和专业学者。我们思考差异化的方式是错误的，肯定是这样。要不然，我们为何会在口头上称赞差异化的同时，却一直生产一些不是因为差异化，而是因为一致化而闻名的品牌呢？

这种理论与现实脱节的现象确实让人感到困惑。上周我和一个朋友聊天，她随口提到最近她住在一家类似凯悦的酒店里发生的事情。我忍不住打断她，问道：“类似凯悦？这是什么意思？不是凯悦酒店吗？”

她耸耸肩回答说：“啊，我记不起来是哪家酒店了，就是那种很像凯悦的酒店。”

我没有追问下去，因为我很清楚她的意思。我们都住在“类似凯悦”的酒店里，开着“类似本田”的汽车，使用着各种品牌的仿制品。时时刻刻都是如此，你我都是一样。所以，当和朋友、兄弟姐妹或者爱人随意地聊起这些品牌时，我们就会像我的这位朋友一样，很容易就会使用一些模糊的语言。

但是，当我们进入商业角色的一刹那，就会重新拾起那些关于差异化的正式语言，似乎我们根本没有意识到理论与现实的脱节，也没有意识到，我们对自己品牌的讨论与人们的真实体验是完全不同的。难怪消费者说我们不懂差异化。我们告诉他们，我们的品牌与其他品牌不同，但其实我们和消费者都知道，品牌之间并没有什么不同。我们都是漂移着的大陆板块的一部分，你我都是……

我认为造成这种现象的一个原因就是，我们陷入了一种具有自我破坏性质的恶性竞争循环。或者说得严重一些，我们的竞争力正在毁灭我们。

我与企业的管理人员面谈时，他们做的第一件事情就是拿给我一些竞争力分析材料，例如竞争定位图、竞争标杆管理方面的数据等，以便让我更好地了解企业的战略构想。不可否认，这些材料确实给我留下了深刻的印象。但是，对企业管理人员使用这些材料的情况观察了这么多年后，我发现自己居然产生了一种违反常理的想法：我们对竞争对手的了解可能过度了。

根据我的观察，掌握大量竞争力信息至少在两个方面影响着我们。第一，这些信息带来了一种竞争近视症。在这种症状的影响下，我们对竞争对手投注了过多的精力。对手所有商业策略的细节、所有与竞争有关的琐事，都逃不过我们的视线。于是，我们注意到，竞争对手 A 向市场推出了一系列新的产品功能，或者竞争对手 B 调高了产品价格。保持竞争警觉性的立意本是好的，但这样做会让企业无法集中注意力，就像强迫症会让患者无法集中注意力一样。

这种竞争近视症带来了第二个相关的问题：它所带来的动力促使企业对竞争对手的效仿（情况好的话，是战胜）变成了一种自然的反射行为。我在前面的章节中讨论过这个问题：竞争标准的存在最有可能促使有组织的一致性出现。如果某个人给我们一幅图、一个表格或一个数据表，告诉我们在哪些领域里已经落后于竞争对手，我们肯定会抑制不住奋起直追的冲动。

所有这一切的结果就是，一种几乎毫无意义的竞争群聚出现了。所有酒店都允许顾客免费收看无线电视节日，却都奇怪地保留着一种很过时的做法：顾客用固定电话拨打市内电话时，需要缴纳费用。另外，浴室里的肥皂是免费的，但吧台里的饮料却都是收费的。我并不是说这样做不对，我只是想说，"这种"经营方式很奇怪。酒店之间的竞争性差异太小了，就连细节上的差异都是如此。

托斯丹·凡勃伦（Thorstein Veblen）是一位跨世纪的经济学家。他为世人留下来的文化遗产包括他提出的"炫耀性消费"（conspicuous consumption）这个概念。在其知名著作《有闲阶级论》（*The Theory of the Leisure Class*）中，他提出，现代消费已经变成一种毫无意义的行为。在消费时，所有人只在乎一件事情，那就是与他人攀比，看谁更阔气。消费者完全忘记了消费的意义究竟是什么。

最近我在想，如果凡勃伦还在世，他很可能会发现一种必然存在的、可以称为"炫耀性竞争"的现象。如果我们花费大量时间比较自己的品牌和竞争对手的品牌，就很容易患上竞争性适应症（competitive treadmill），也很容易花很多时间与别人攀比。在这个过程中，我们很容易忘记竞争的真正意义：扩大并长久保持与竞争对手的差别。

现在，我要澄清一点，我并不是在提倡大家忽视竞争。但是，我确实认为，我们的确应该开始按照消费者的眼光重新审视自己了，这一点非常重要。现在消费者面对某个产品类别中的产品品牌时，很多时候看到的都是一团竞争迷雾。

我们的目标不是陷入这团迷雾中，而是要从这团迷雾中走出来，这才是差异化的真正意义所在。

要坚持做到差异化，最让人感到畏惧的一点就是创新。这种创新可不是那种仅靠工程师就能完成的技术创新，而是必须依靠我们自己才能做到的概念性创新。

不过，这样又会出现另外一个问题。对于那些我们很自然就能做到的概念性创新，我们的竞争对手也能很自然地做到。也就是说，即使在“创新”这个领域，也会出现竞争群聚现象。这就好像是我们都采用了同样的创新框架，而这种框架又在很大程度上依赖于我所提到的“升级”概念。因此，如果我们想从竞争对手那儿拉过来一部分顾客，就要通过“加法升级”强化我们的价值定位；如果我们想提高市场占有率，就要通过“乘法升级”扩大产品线。即使这种创新既容易预测又容易模仿，那也无所谓。

同时，我们也忘记了，其实创新还可以通过其他方法实现。而要想逃离竞争群体，这些方法是非常有效的。比如说，可以通过“减法”进行创新。谷歌、宜家，还有其他一些逆向定位的品牌都是这样做的。这些品牌在面对产品类别过度膨胀的价值定位时，能够摈除其中多余的因素，制造出差异。在产品过度扩增的社会里会出现这种反逻辑现象：减少一些服务和功能后，反而会创造出价值，但前提是，这种减少一定是经过深思熟虑的。这就是逆向战略品牌教给我们的道理。

创新也可以通过分化过程实现。Mini Cooper、勃肯，还有其他一些敌意品牌就是这么做的。这些品牌能够从分化亚文化的过程中发掘出效益。我们通常会认为，极端化是一种消极文化力量。但事实上，如果文化的一致性太强，也会有很大的危险，这种危险会以文化疾病的方式表现出来。所以，如果某个品牌明确地宣称它不惧怕极端化，那么它就能从社会中获得大量、集中的金钱回报。这是敌意品牌教给我们的道理。

创新甚至还可以通过变形过程实现。在数学里，如果你把一个方程式变形，那只是改变了其表现形式，新的方程式计算出来的结果和原来的方程式结果还是一样的，你只是用不同的方法求解而已。方程式变形本身并不深奥，但要想使方程易于求解，这一步是至关重要的。同样，当一个企业把“机器人”变形为“宠物”，或者把“尿不湿”变形为“内裤”时，效果是一样的。产品表现形式的改变并没有影响到隐藏在这种形式下的产品本质，反而能使产品更易于消费。这是跨越行业的品牌教给我们的道理。

我们从以上所有例子中可以看到，差异化最初不过就是一个创意。有了这个创意，人们才可能依靠一种全新的方式做事。一切都是从创新开始的，而创新则可以通过很多方式实现。

话虽如此，我在最近几年却开始相信，那些伟大的、新奇的、独特的创意……在最初出现的时候往往都很脆弱。为什么这么说呢？因为它们刚出现时，人们很难分清这些不熟悉的创意是不是一些既疯狂又愚蠢的想法，所以，很多创意夭折了。

下面这个例子解释了我的意思。不久前，学校安排我与学生们讨论有关顾客忠诚度的一些方案，就是那种在航空业、酒店业和其他服务行业经常推出的方案。我知道消费者对这些方案颇有怨恨和不满，所以进入教室之后，我猜学生们的第一反应肯定是尖刻的批评。果然不出我所料，讨论刚开始，所有的学生都开始否定这些方案，几乎每个学生都是如此。

不过，在和学生们一起花了几分钟时间，认真剖析了消费者不满的原因之后，我要求他们把这些不满放在一边。我告诉他们，我们要进行一次集体头脑风暴。他们的任务是，针对某种方案想出一种能够颠覆消费者对这个方案的认知的创意，制订出一种能让消费者感到愉快和满足的方案，一种能让大家发出赞叹声，并能引起热烈讨论的方案。我鼓励他们把这句话补充完整：关于顾客忠诚度的方案可以……

这就需要我给他们做一些引导，但没过多长时间，他们的创意就出来了：

> 设想一种关于顾客忠诚度的方案：
> ——没有积分计划，也没有积分记录，但企业可以慷慨一些，能偶尔给顾客一个惊喜……
> ——不给顾客提供奖品，但是让顾客能够奖励服务好的公司员工……
> ——顾客可以一起积分并换取小组奖励……
> ——不要让顾客在取消服务时感到为难，而是让他们可以更容易取消服务，而且没有罚款……
> ——把奖品改成捐款，捐给顾客喜欢的慈善机构，等等。

你也看到了，这些创意乱七八糟的，而且都是在匆忙之中想出来的。也就是说，如果我们愿意，那么在剩下的讨论时间里，我们就可以在课堂上公开批评这些创意，然后列出各种原因说明为什么它们不实际、不可行，或者实施起来风险很大。其实，刚开始讨论的时候，我们确实是沿着这个路子往下走的。只要黑板上出现一种特别独特的创意，就肯定有人举手，说出所有不可行的原因。

但我们很快就制订了这个规则：在剩下的时间里，只能对黑板上的创意做正面的评论。你可能不相信，几乎是在瞬间，学生们就重新有了活力。他们开始支持自己喜欢的创意，开始了一次有关市场营销的头脑风暴。他们思考这些创意可能实施的方法，也开始看到最初他们嘲笑的一些创意的潜力。

那天我告诉学生们，当你决定摒弃怀疑的态度时，即使是几分钟也行，就会发生一件有趣的事情：你提供了一个“不可能”转化为“可能”的机会，你还给独特创意提供了一个能稍微向前发展的机会。学生们亲眼看到了这个事实：在讨论的最后，他们对一些创意表现出了极高的热情，这种热情非常有感染力。

这个讨论练习的目的，并不是想说明企业应该把所有的时间都用来追求欠考虑的创意。它只是想说明，未经打磨的创意是很脆弱的。那些伟大的、新奇的、独特的创意……在最初出现的时候往往都很脆弱。原因就是，它们刚出现时，人们很难分清这些不熟悉的创意是不是一些既疯狂又不实际的想法。所以，那天的讨论课结束之后，我告诉学生，如果我们想让创新出现，首先就要尽量抑制自己的怀疑，给这些创意一个崭露头角的机会。

当然，只是暂时这样。最终，我们还是要让大脑的“实用性”来发表意见。不过，奇怪、独特的创意想要挣扎着生存下来，首先需要一个能包裹它们的茧，至少在刚出现的时候是如此。20 年前，如果你告诉我，家具店可以让消费者自己组装家具，我肯定会大笑起来，认为这个想法就像一家饭店要求顾客自己下厨煮饭、炒菜一样。当我们看到宜家、洗澡的猿猴、多芬、哈雷这些品牌的辉煌时，我们要提醒自己，我们看到的是一个个已经变成现实的创意，一个个在最初产生时可能会显得非常愚蠢的创意。如果我们想创立一家能够创新的企业，就要营造一种摒弃怀疑，让创意出现的环境。或者像我跟学生们说的那样，在我们把某个非常独特的创意放入大脑的“反对”区审视之前，应该先给它们一个呼吸的机会。

本书中提到的大多数创意品牌都具有这样一个特点：它们都没有根据正式的市场调研制订差异化策略。我认为，这一点揭示了事情的本质。在商界，我们不知为何都认同这个观点：进行大量正式的市场调研就是对顾客的关注；如果没有进行这些调研，就说明企业不负责任，对顾客的声音充耳不闻。很难想象，这些市场调研能够预测到人们会爱上一种不仅难喝，而且传说中是以公牛睾丸为原料的能量饮料。也很难想象，这些市场调研能够预测到人们会爱上一个品牌认知度为零，并且比其强大对手少了很多功能的搜索引擎。

尽管如此，我们仍然会被这些正式的市场调研诱惑。于是，我们不遗余力地通过调查、关注重点团体和客户访谈搜集资料；我们竭尽全力通过 PPT 和经营要点报告把这些资料综合起来；我们坚持依靠这些资料得出结论，而这些结论往往能引出一种更新的价值定位。

但正如我在前文所讲的，更新与创新是不一样的。我有时候会想，我们是不是应该把这些市场调研工具放下几分钟，然后看看在没有它们的情况下，我们能想出什么创意。

我知道，我不是第一个提出这个想法的人。正式市场调研的问题在于，消费者总是会告诉我们，他们多么希望我们的产品能变得更好。但我们不能指望消费者告诉我们，这些产品与其他产品的差异有多大。更重要的是，我们不能指望消费者会告诉我们怎么做才能让他们感到惊喜。

我这么说的意思是，如果我们想要逃离以产品升级为主要形式的产品营销，就要看到市场调研机构提供的碎片化数据以外的东西。这些数据当然是严谨客观的，但令人扼腕的是，它们并不完整。它们只能告诉我们一半的事实。如果我们想看到另外一半，就要完成这项艰苦的工作：发挥自己的想象力。

2003 年，迈克尔 · 刘易斯（Michael Lewis）所著的《点球成金》（*Moneyball*）一书非常畅销。作者在书中用一个颇具争议的例子说明，极端化的经验主义是思考棒球比赛的最好方法。这本书狠狠地扇了棒球迷们一记耳光，因为根据其内容，包括教练、新球员、俱乐部总经理等一群棒球传统人士的全体智慧，都比不过一位拿着笔记本电脑的统计学家。

这本书出版之后引起了强烈的争议。在这些争论声中，我们很明显就能看出来，人们通常依靠两种方式把握事实：一种是通过可以测量和衡量的东西，另一种则是通过不可测量和衡量的东西。因为这两种方法不能同时使用，所以一种方式的支持者很容易否定另外一种方式的重要性。

但这也恰好说明了，为什么和一位铁杆棒球迷坐在一起欣赏一场棒球比赛——比如，美国职业棒球大联盟的世界系列赛第 7 场比赛——会是一种很精彩的体验。这些铁杆棒球迷就是活着的知识库，他们的大脑中储藏了大量数据化信息。坐在我旁边的这位棒球迷能随口列出击球率、上垒率、打点和三振 / 保送率。她还会告诉你，投手投出的某个投球是外切球还是内曲球，或者在这个投球手投球后，击球手的上垒率有多大。

同时，铁杆棒球迷们对某场比赛的洞察，往往会远远超越纯粹数据传递出的信息量。对于美国职业棒球大联盟的世界系列赛第 7 场这样的大型比赛，坐在我旁边的这位棒球迷熟知每个球队进入决赛之前的所有经历，也了解球队中每名队员的性格，知道哪名队员克服了什么障碍才达到了现在这个大家都梦寐以求的地位。对于一名铁杆球迷来说，比赛的戏剧效果不仅会发生在现在，还存在于现在和过去的碰撞之中。纯粹的统计数据当然是有价值的，但其他很多东西也很重要，比如说比赛的前后始末、一些神秘的赛事变化、人们的动力、赛事的历史和比赛的看点等。如果仅仅把比赛看作一种可以测量的事物，铁杆球迷们会感觉失去很多东西。

我知道这么写会有重复的嫌疑。但是，我拿棒球比赛做例子是想说明，过于依赖在实践和观察中获得的实际经验会引起观察性近视症。作为商人，我们绝不能忽视市场调研中的资料，我们要收集、筛选这些资料，要尽力弄清楚它们。但是，做完这一切，并不意味着所有的工作就结束了。

如果我们能按照棒球迷看棒球比赛的方式看待我们所处的行业，事情就会好很多。在尊重统计资料的同时，我们也要尊重这个事实：如果仅仅把一场比赛看作数字，就等于失去了这场比赛的灵魂。

如果我们只注意那些可以测量和衡量的事物，我们就只能看到一些容易测量和衡量的事物。在这个过程中，我们会失去很多。

创意品牌并不是完美的品牌，远远不是。它们只是一些极端化的品牌，是倾斜的品牌，是坚持偏离常规的品牌。但是，因为它们非常善于捕捉消费者的矛盾心态，所以就能用很奇妙的方式不停地告诉我们简单归纳法的不足之处。

哈雷摩托是一个专门为比较富裕的白领"摩托车亡命徒"设计的品牌；多芬是一个专门为厌倦了努力维持美貌的女士设计的美容品牌；苹果是一个非常方便，但又非常傲慢的品牌。所有类似的品牌都缺乏内部的一致性，但正是这种不一致使消费者与品牌产生了共鸣。它们对简化逻辑的公然对抗，就像我们对简化逻辑的对抗一样，同时也很像我们的内心世界。那里充满了各种各样相互矛盾的事实。这些事实会并行，也会交叉；会有冲突，也会互相融合；会产生不平衡，也会产生分歧。

本书的主旨是：我们在消费、行为和文化上的一致性都在消失。一个品牌可以是有敌意的，同时也可以是有吸引力的；一个人满足的同时，也会感到不满足；一种关系可以令人沮丧，也可以让人感觉很愉快；既相互依存，又让人感觉自由。当然，我们都懂得这个道理。我们一直都是这样生活的。就像我深爱我的丈夫，但他有的时候也会让我很抓狂。

其实，这正是让你我变得如此独特的原因。我们不需要通过内在的一致来整合自我。我们知道，生活中的事实太多，而我们的人生又太短暂，根本不该被整齐和秩序限制住。

创意品牌似乎也明白这个道理。或许，把它们写下来并没有太大的意义，但它们对我们的意义确实非常重大。这些品牌沉迷于不一致的状态中，赞美着生活的复杂，给我们带来了一些不合理的快乐和不合逻辑的见解。在这个过程中，它们为企业洞察消费者、了解消费者和理解人性制定了一套新的标准。

结 语

我之所以会撰写本书，是因为我认为企业的一部分核心能力已经土崩瓦解，企业的竞争策略中蕴含的一些设想也亟待重新调整。

在我们如今生活的时代里，要成为一名专业商务人士，就意味着要被各种事务包围。要管理生产线和经销商，要调整定价算法，还要制订销售方案。世界变化太快，我们都在努力追赶，忙着努力了解各种机制，让它们保持正常运转。但正如我在前文中提到的，在很多情况下，这些喧哗与骚动最终带来的只会是群体性的渐进式变化，而这种渐进式变化在大多数情况下无法带来差异化，包括任何形式的差异化。

我之所以会撰写本书，还因为我相信我们能做得更好，但不是通过增加一些内容，而是通过对我们行为的深刻思考而做到的。我常常提醒学生们，差异化不是一种策略，不是光鲜的广告活动，也不是一系列闪亮的新功能，更不是一张薄薄的会员卡或一张退款凭证，而是一种思考方式、一种精神状态，同时也是一种承诺，一种要理解人们的承诺，但不是用一种人们不熟悉的方式，而是一种受人重视、尊重，甚至是欢迎的方式去理解人们。

我记得有一次我在书里看到，已故的喜剧演员乔治·卡林（George Carlin）很不喜欢别人说他是一个“愤世嫉俗的人”，谁要是这么评价他，他就会纠正对方，说自己只是一个“失望的理想主义者”。这两个概念的差异对他很重要，我可以理解。作为一名理想主义者，要坚信无论外界环境如何令人厌倦，按照非常规标准生活的人们在这个世界上一定会有立足之地，甚至还会得到社会的回报。提到商界，我也会这么思考。“营销”“品牌推广”和“销售”这些词汇之所以在我们的生活中变得如此重要（不论是好是坏），唯一的原因就是，消费本身在我们的文化中已经变得非常重要。创意品牌能够产生意义，这也是它们为什么如此重要的原因。它们遵循着不同的标准，而当它们这样做时，我们就会与其产生共鸣。

我之所以会撰写本书，还因为我相信，虽然在商界总是会存在头脑混乱的群体——在所有产品类别里，在所有行业里，都会有一批步伐一致的、让人分辨不出差别的品牌，但是一定会有例外的情况。医生兼作家阿图·葛文德曾经在书中提到过一种医学界的“正常偏差”现象，这种现象指的是，医学界的少部分人与其他人处于同样的环境中，但固执地拒绝被传统智慧束缚，最终就能发现一些新颖而反传统的方法，然后再利用这些方法去解决一些看似棘手的问题。我认为在商界同样存在这种“正常偏差”现象，也就是那些比较独特的品牌。这些品牌之所以独特，并不是因为它们比其他品牌发展得更快或更努力，而是因为这些品牌从心底里拒绝把现状当作理所当然的存在。

所以，在学期结束时，我有时会给学生布置一份作业，要求他们试着想象未来的创意品牌。我的问题是：这些品牌会是什么样子的？它们有哪些共同特点？

可能你也会想到，学生上交的作业都很不错，他们不仅认真思考过，而且作业里充满了天马行空的想象。有些同学对未来 20 年的消费行为发展趋势的预测非常有创意。有些同学则对特定的行业领域，如时尚界、酒店行业或饮料行业，做出了比较严谨的推断。我常常会节选出他们作业中的一部分，带到课堂上公开讨论。但讨论到最后，学生们总会反问我："你认为未来的品牌是什么样子的？你认为它们会有哪些共同特点？"

和他们一样，我手里也没有预测未来的水晶球。但是，我认为这样的预测很有意思。下面就是我的回答。

我认为，这些品牌的第一个共同特点是：它们会提供一些很难寻觅的东西。根据历史经验，企业要想生产出有价值的产品，最好的办法就是生产出一些难得一见的产品。毕竟，稀缺常常可以刺激需求。

但问题是，在如今这个时代，消费者可以选择的产品和服务的数量太多，多到已经超出了他们的需求，还能有什么稀缺的东西呢？

请稍微思考一下，你还缺什么？

就我个人而言，只要我感觉自己在某一方面拥有太多——应该是所有方面，这种过度拥有就会让我产生一种逃离的欲望。也就是说，当我的周围充满喧嚣、刺激、骚动和活跃的事物时，我缺少的是安静。当我面对多种选择，被销售人员包围并向我保证能让我立刻满足时，我缺少的是一点思考的时间。实用主义激发了我对幻想的渴求，但过多的幻想反过来也会刺激我对事实的渴求。

品牌可以通过远离这个产品过剩的世界去创造价值，这样的机会是存在的，而且一直都存在。我告诉学生们，无论是敌意品牌、逆向战略品牌，还是哈雷摩托、多芬，它们都有一个特点，即：它们能提醒着我们什么东西已经过剩，然后再给我们提供一些我们缺少的东西。记住，限制可以刺激新的欲望，低声细语也有嘶吼般的力量。我确信，能够提供稀有产品的品牌一定能开创出自己的一片天地。

未来品牌的第二个共同点是：它们都能够“坚守一个大创意”。也就是说，它们与其他品牌的差异不只是一点点，而是差很多。

真是难以想象，著名营销专家特德·莱维特（Ted Levitt）提出“营销想象力”（the marketing imagination）这个概念已经是25年前的事了。可惜的是，这个在过去用非常诗意的方式捕捉企业灵魂的词语，如今却暗含讽刺的意味。在我们生活的这个时代，一个人在其从商生涯中，可能一辈子都不会有人要求他提出一个“大创意”。也就是说，没有人要求他在那么多年的职业生涯中发挥想象力，一次都不用。我在学校里上管理培训课时，只要是第一次在课堂上提到“想象力”“创造力”这些词汇，我就要克制自己，不让自己觉得不好意思。由此可以看出，现代商业已经远远偏离了“提出创新理念”这个优良传统。

但孩子们为什么都是创新天才呢？因为他们不是成年人。也就是说，他们没有那么多的人生经历，也没有太多的理性思维。这一点解放了他们，让他们不带偏见地看待这个世界。所以，他们会把一个特百惠塑料碗看作一艘小船；你递给他们一个银勺子，他们的第一反应就是用来挖东西。偶尔产生灵感是一回事，持续不断地产生灵感则是另外一回事。小孩子就能持续不断地产生灵感，原因很简单，他们不受那些已经被滥用的脑力启发法的限制，也不会受习惯、习俗或死板的礼仪规范的束缚，他们很调皮，很有破坏性。在成年人已经习惯了压抑自己的时候，孩子们则听从自己创新欲望的指引，自由地发挥着想象力。

差异化是一种异常行为；差异化是一种重新排列；差异化意味着坚持创造前所未有的事物，换句话说，差异化代表着抛弃常规的事物。如果你让我预测，我会说，未来的创新品牌就是能做到上述这些的品牌，即使在崎岖不平的发展道路上亟须做出重大调整，它们依然会这么做。

未来品牌的第三个共同点是：它们都“非常人性化”。换句话说，它们将是由对人类精神的复杂性极度敏感的人们创造出来的。

我认为，在这方面，营销人员尤其应该起到带头作用。营销人员其实就代表着企业人性化的一面。作为营销人员，我们有责任让我们的企业变得更加人性化。也就是说，我们要了解消费者，了解这些“真实的人”，而且了解的程度要超过企业的其他任何部门。如果我们的企业很注重工程方面的因素，我们就要多关注细微的因素；如果我们的企业注重硬件的因素，我们就要多强调软件因素。约翰·奈斯比特（John Naisbitt）曾经说过，在新信息时代，因为信息过于繁多，直觉变得越来越珍贵。作为营销人员，我们的职责是：确保我们的企业能够利用想象力和周围的环境，捕捉到人类经验的所有层面，并尊重和赞美这些经验。

当然，要做到这些，营销人员必须“融入”这个世界。我们周围全是氧气，我们需要吸入这些氧气。从酒吧到大街，从厨房到学校，从纽约到东京……无论在哪里，都要吸入周围的氧气。

如果我们做到了这一点，而且是认真地从深层次上做到了，我们就能得到这样的回报：我们会发现，我们能从投机消费、不消费和过度消费中学到不少东西。我们还会发现，会有满意的消费，也会有勉强的消费；有很随意的消费，也有政治性的消费；有不道德的消费，也有竞争性的消费；消费可以是一种标志，还可以是其他很多东西。但是，无论怎样，消费总是带有启发性的。

差异化不是一种策略，而是一种思考方式，一种精神状态，一种来源于倾听、观察、吸收和尊重的精神状态。更重要的是，它还是一种承诺，一种要理解人们，让人们知道“是的，我们懂”的承诺。

未来一定会有更多这样的品牌，这是毫无疑问的。

附录

（包括注释和本书中相关品牌的简介）

每当我在演讲中或课堂上提到我的研究时，就会有人要求我多提供一些关于我提到过的品牌的信息。如果你有兴趣了解有关本书中提到的品牌的更多信息，可以参考附加在下文中的这些品牌趣事。我曾经对其中的一些企业做过详细的案例研究，在此一并附上这些研究的参考出处。

挪威沃斯和斐济矿泉水

研究瓶装水行业是很有趣的。我一直都觉得，从事这个行业的商人应该比在其他行业里的商人更艰难，因为瓶装水行业面对的竞争对手[①]不仅免费，而且无处不在。你只要看看音乐唱片业与后纳普斯特时代[②]流行的在线音乐共享网站的抗争，就会清楚这一点。

---

① 竞争对手，即自来水，美国自来水的质量符合饮用水的卫生标准。——译者注

② 纳普斯特时代，纳普斯特是 1999 年流行的一种免费音乐下载和共享程序，因大规模侵权行为受到法律制裁，后转型为付费在线音乐商店。此后，网络音乐下载开始风靡。——译者注

看看下面这些事实你就会知道如今的瓶装水市场有多疯狂。在 20 世纪 80 年代，瓶装水还是一个相对小众的产品类别，只包括巴黎水和依云两种品牌。但如今，有接近 1 000 种（没错，就是 1 000 种）品牌在这个每年总体营业额已达 110 亿美元的行业里竞争。而且，这个产品类别的扩增一直都没有停止：现在，你能买到各种口味的瓶装水（黄柠檬、青柠檬等），也能买到富含钙、氟或维生素等功能性配料的营养强化水，还能买到添加了氧气等物质的各种进口瓶装水。有宠物专用水，有声称能改进人们社交能力的水，还有以新型包装为主要特色的品牌——包括专门为小孩子设计的能放进饭盒的瓶身，以及专门为运动员设计的运动型瓶盖等。

斐济是近年来“优质”矿泉水品牌里冉冉升起的新星。依靠“来源于‘遥远’斐济群岛原始雨林的进口自流泉水”这种品牌定位，斐济只用了 5 年时间，就成为美国第二大进口矿泉水品牌（排名仅次于依云矿泉水）。

相比之下，挪威沃斯则更以“超级优质”矿泉水自居。这个品牌由奥利·克里斯琴·桑德伯格（Ole Christian Sandberg）创立，他是一位年轻而精明的挪威创业家，坚信把瓶装水包装成奢侈品在美国销售是有市场的。从独特的玻璃瓶包装设计（灵感来自香水玻璃瓶）到大胆的高价策略（在销售沃斯水的高档饭店里，顾客们在就餐后收到逼近三位数的水费账单是常有的事），沃斯的整个发展故事说明了公司对品牌定位的深思熟虑。

顺便提一下，当沃斯把自己定位为奢侈品时，在“超级优质”瓶装水这个子产品类别里，还有其他这样给自己定位的品牌。2006 年，来自比弗利山庄的“布岭 H_2O”（Bling H_2O）矿泉水进入市场。其瓶身由磨砂玻璃制成，且装饰着施华洛世奇水晶。一瓶 750 毫升的“布岭 H_2O”可以卖到 20~40 美元。据说，在拉斯韦加斯的一些酒吧里，一瓶“布岭 H_2O”可以卖到 90 美元。还有另外一些高端瓶装水品牌，像加拿大的卡纳库阿

（CanAqua）、澳大利亚的云珠（Cloud Juice，取自塔斯马尼亚州国王岛上的天然雨水）、日本的法内（Fine）、英国威尔士的图尔（Tau）和冰岛冰川（Icelandic Glacial）等。

如需完整的案例研究（包括对瓶装水行业的概述），请参阅哈佛大学商学院案例 509—040 之《挪威的沃斯自流水》（*VOSS Artesian Water of Norway*）。

天梦之床

我在“关于发展的悖论”一章中提到，威斯汀酒店（隶属喜达屋酒店与度假村国际集团）挑起了业界人士所谓的“酒店睡床大战”[1]。在威斯汀酒店引进“天梦之床”之前，豪华酒店的老板们也为顾客提供奢华舒适的床铺，但威斯汀的创举却引发了行业内的一连串竞争，这其中的原因是，这是酒店业第一次以品牌的形式推出豪华床铺，而重中之重是威斯汀耗资数百万美元推出的营销活动。这就大大提高了产品的市场风险，给竞争对手造成了极大的压力，使他们不得不紧随其后。于是，几年内，几乎所有重要的连锁酒店都开始推出各种特殊床铺。

那么，“天梦之床”是否提高了威斯汀酒店的顾客满意度呢？酒店的内部市场调研结果显示，在“天梦之床”推出之前，顾客对“床铺舒适度”的满意度是 8.96 分（满分 10 分）。“天梦之床”推出之后，这个数字上升至 9.19。所以，如果你相信这个调查结果的话，就意味着 3 000 万美元的

① 酒店睡床大战是指为了吸引顾客，各连锁酒店争相推出更舒适、更精致的床铺，包括特殊床垫、豪华床单、非常精致的枕头和长枕等，由此引发酒店行业在床铺方面的激烈竞争。——摘自《旅游业词典》（*The Travel Industry Dictionary*）

投资使顾客的满意度提升了大约 2%。但是，因为很难判断酒店的市场占有率与酒店的单一设施（如床铺）的相关程度，所以我们很难说清楚“天梦之床”是否真的提高了酒店在行业里的竞争力。

如需完整的案例研究，请参阅哈佛大学商学院案例 509—059 之“酒店睡床大战”（*The Hotel Bed Wars*）。

谷歌

谷歌属于很少见的既占行业垄断地位又受用户喜爱的技术类品牌。大多数垄断型技术类品牌很难具有特别大的吸引力（就像微软），但谷歌摆脱了这种命运。事实上，我发现它最特别的地方在于，大多数普通用户根本不知道它是怎么赚钱的。其界面直观、简单，而且光秃秃的，使用起来感觉不到任何商业气息，但它却已经成为行业内最强大的广告商。它以弱者身份出现，却罕见地通杀了整个行业。《经济学人》（*Economist*）称它是“伪装成搜索引擎的、全球最具价值的网络广告公司”。

巨头谷歌是这样诞生的：2000 年年初，无赢利；2005 年，广告收入突破 60 亿美元，超过了当年所有报社、杂志和电视台的广告收入；2008 年，广告收入高达 210 亿美元，而且还在持续上涨。

随着谷歌网站的发展，其产品在急速扩增。最初成立时，谷歌只是一个简单的搜索引擎。到 2009 年，产品几乎囊括了电子邮件（Gmail）、照片编辑软件（Picasa）和视频（YouTube）在内的所有网络产品。当然，如此多的产品服务与网站恪守的“干净、整洁”的主页审美产生了冲突，甚至也招致了人们的批评——顺便提一下，我个人不同意这种批评。批评它的人说，谷歌为了保护用户体验而低调推广其他产品的做法是错误的。

有位业内人士则如此评论这件事："问题在于，每次扩增新的产品，谷歌就会背离'简洁'这个使其变得如此成功的因素……所以，在展现新的过剩产品时，谷歌不可能不破坏它的整洁界面。"

如需完整的案例研究，请参阅哈佛大学商学院案例 507—038 之"谷歌广告"（*Google Advertising*）。

宜家

宜家是另外一个以弱者身份出现，但最终成为行业翘楚的例子。如今的宜家集团已经成为世界最大的家具零售商。虽然它是私人企业，无须公布利润额，但其 2008 年一年的营业收入确实逼近 210 亿欧元，被认为是世界上最具价值的品牌之一。宜家非常直接地对顾客提出要求，居然最后还能成为赢家，我个人很欣赏这一点。

在信息透明方面，宜家的网站值得学习。在网站里，有一个版块的标题是"怎样在宜家购物"。在这个版块里，宜家清晰地给出了顾客在购买家具时需要注意的事项。它建议顾客"购物前请做好准备。把你需要的所有家具列出来……测量好要放家具的空间大小，确保车内有足够的空间，肯定能用到"。

网站还列出了顾客刚走进店内时可以买到的东西："入口处有您购买家具所需的所有物品，包括铅笔、纸、尺子、购物指南、商品目录、购物车、购物袋和推车。"另外，网站还提到："自己装运家具是顾客参与购物的重要环节。更确切地说，如果你能自己完成装运和组装家具这样简单的任务，我们就能保证你能买到低价家具。"

去一趟宜家，需要具有一名无礼的记者所说的"宜家型耐力"。对于这名记者而言，没有这种"耐力"，顾客很容易就会患上他所谓的"宜家型崩溃病”，这种病的主要症状包括：极度烦躁、疲劳和“瑞典恐慌”（害怕看到所有和瑞典有关的东西）。但很明显，正是这种“耐力”鼓舞着顾客去主动组装，例如，在家里一次性把某个组合式收纳柜组装起来。

为了表示对万能的艾伦扳手[①]——宜家提倡的自己动手经营模式中的一件重要工具——的敬意，宜家在公司总部外竖起一个高达 16 英尺的扳手。

如需完整的案例研究，请参阅哈佛大学商学院案例 504—094 之《宜家进军美国》（*IKEA Invades America*）。

捷蓝航空

2000 年年初，捷蓝航空的飞机首次从美国肯尼迪国际机场起飞。按照当时公司首席执行官戴维·尼尔曼（David Neeleman）的说法，这次首飞的任务是“使人性关怀重新回归航空业”。要完成这个任务，就需要航空公司很有技巧地保持成本和服务之间的平衡。在航空业，提供良好的服务需要投入很大的成本。因此，在运营伊始，捷蓝航空就打破了行业传统，实施了一系列节约成本的严格措施：不提供免费餐；只设经济舱；只飞客流量较少的机场。但同时，公司又提供了一些额外服务来弥补这些措施的不足，包括：飞机上的每个座位都很宽敞，而且都是真皮椅子；每个座位上都安装有电视屏幕，乘客可以观看卫星电视；提供意大利脆饼、小甜饼和蓝色玉米片。如今，人们已经习惯了这些服务，但在 2000 年的廉价航空业，这些服务都是前所未闻的。

一些人把捷蓝航空称为“西南航空和维珍航空的私生子”“天空中的塔

---

① 艾伦扳手，即内六角扳手。——译者注

吉特”[①]，还有人把它提供的一系列个性化服务称为“穷人的时尚”。网络杂志《沙龙》（*Salon*）的首席执行官戴维·塔伯特（David Talbot）曾经这样描述这家航空公司：捷蓝航空“充满斗志，很有独立精神。乘客可以用折扣价享受顶级旅行。我甚至很喜欢他们不分等级的舱位。所有人都坐在一种舱位里，就像在网络里一样平等。它是民主的，但这个‘民主’的首字母[②]是小写的，这一点很吸引人”。

30 年前，保罗·泰鲁写道：“当我们说某次飞机旅行很愉快时，我们所依据的标准往往是一些负面因素……比如，飞机没有失事、没有误点，在飞机上没有呕吐，飞机上的食物还能吃等，只要能做到这些，我们就谢天谢地了。”如今，他所说的这种现象在很大程度上依然存在。我们针对飞机旅行的态度依然是怀疑和冷淡。所以，我认为，像捷蓝这样的航空公司值得赞扬，他们是真正在努力为乘客提供一种比“可以忍受”更好的服务，甚至是能让顾客在旅途中感到一些“快乐”的服务……

In-N-Out 汉堡包

正如我在“逆向战略品牌”这一章提到的，顾客对 In-N-Out 汉堡包有着极度的狂热，这一点绝对没有言过其实。在 Facebook 上，这家汉堡包店有超过 20 万的粉丝，他们在网站上分享各自对这家汉堡包店的痴迷。一位普通的 In-N-Out 粉丝说：“以前，我经常开两个小时车去吃 In-N-Out 汉堡包，而且每隔两周就要去一次。”网站上还有人发起一个讨论帖，

---

① 塔吉特（Target），美国的高级折扣零售商店。——译者注

② 英文中“民主”一词首字母大写代表美国民主党，即 Democratic Party，而且民主党党徽是一个蓝色的大写字母 D。——译者注

问：“你开多远才能吃到 In-N-Out 汉堡包？”很多人回答，为了吃上一个 In-N-Out 汉堡包，要开好几百英里。

在一个竞争对手不断加速为顾客提供更多种类、更多选择的行业里，要想严格坚守一种简单不变的价值定位，企业就要恪守相当多的原则。一位记者曾经指出，如果麦当劳宣布在菜单里加入 3 种新的优质鸡肉汉堡包，就能超过 In-N-Out 成立 60 年来扩增的菜单总量。

即使最苛刻的评论家也对 In-N-Out 赞不绝口。艾瑞克·施洛瑟（Eric Schlosser）是《快餐帝国》（*Fast Food Nation*）一书的作者，他在这本书中严厉批评了快餐行业。但是，他竟然公开赞扬 In-N-Out：“我觉得它很了不起。虽然这里的食品算不上是健康食品，但这些食品至少是货真价实的，是真正的食品。”为什么他会如此赞扬 In-N-Out 呢？因为在 In-N-Out 里，生菜是人工剥出来的，土豆是现场削皮且是现场切的，奶昔是用真正的冰激凌调制出来的，面包是用“慢发”的发酵面团烘烤出来的。另外，In-N-Out 在加州有自己的肉饼加工厂，每一块牛肉都经过严格的人工检查。当然，因为这里的食品不经加工，现场定做，而且使用新鲜食材，又有很大的需求量，所以顾客的平均等待时间一般要超过 10 分钟，这远远超出了行业标准。在新开的店里，顾客在高峰期甚至要排队等待两个小时才能吃到汉堡包。但他们明白，高质量是需要时间的。于是，等待就变成了顾客对 In-N-Out 汉堡包表示忠诚和信仰的另外一种仪式。

补充一句：虽然这个品牌案例研究的署名人是我，但我所做的贡献并不多。主要工作是我的学生露西·卡明斯、索纳莉·桑帕和山姆·萨卡拉完成的。这几位 In-N-Out 迷决心把这个品牌故事写下来以飨读者。请参阅哈佛大学商学院案例 503—096 之《In-N-Out 汉堡包》（*In-N-Out Burger*）。

索尼 AIBO

虽然我在“超越行业的品牌”一章中提到，AIBO 工程最终因为成本问题而搁置，但它始终是我喜欢使用的一个教学案例。我告诉学生们，企业之所以会愿意把某种产品推向市场，原因只有两个。第一，企业要利用这种产品赢利。这就是我所说的“为销售而营销”，此时，衡量产品是否成功的基本标准就是产品的销量。

第二是我所说的“为了学习而营销”。在这种情况下，企业的营销思维与第一种原因下的思维完全不同。此时，企业的主要目标是积累营销经验，为以后产品的更新换代提供参考。这就意味着，至少在短时期内，企业不能用产品下一阶段的盈亏来衡量对产品的投资。我在撰写 AIBO 这个案例的时候，索尼在消费性技术类产品领域还没有竞争对手，公司还有精力进行长期规划，支持特殊团队的创新精神，为工程师提供足够的空间去实施他们的创意。哎，可惜，这样的日子已经远去了……

但是，这个案例中的营销实验和消费者对产品的反应还是相当具有启示性的。在 AIBO 的研发过程中，最关键的时刻出现在管理层开始思考这一系列核心问题时：这个产品到底是什么？它可能成为什么？在进行了很多创意性的思考后，研发团队决定采用一种产品定位策略，即我在前文提到过的，最终演变为一种变形工具的策略：把一种工具性产品变为一种好玩的产品；把一系列产品缺点（“机器人没有听从命令”）转变成一系列产品优点（“这是一个宠物，它有自己的思想”）。我一直都忘不了自己与十几位 AIBO 主人的面谈。大多数主人对产品的缺陷表现出了令人吃惊的宽容，同时对这款产品的喜爱也令人非常惊讶。有位主人告诉我：“我当然知道它不是真狗，我又不傻。但我真的很容易忘记它只是一台机器。有一天，我竟然像对小狗说话一样跟它说起了话，‘来来来，可爱的小狗’。而且，不知道怎么回事，当它有回应的时候，我就会忍不住地感到很激动，我会想‘你看，它真的很爱我’。”

对于我来说，这个案例就说明，企业经过深思熟虑后对产品的构想——尤其是对有瑕疵产品的跨越行业式的定位——能够使消费者的行为、态度和感情发生非常大，甚至是非常极端的改观。

如需完整的案例研究，请参阅哈佛大学商学院案例 502—010 之《索尼 AIBO：世界上第一款娱乐型机器人》(*Sony AIBO: The World's First Entertainment Robot*)。

成长裤

1989 年，金佰利公司推出了好奇牌提拉式一次性训练裤。公司宣称，产品的目标人群是“准备丢弃纸尿裤，开始学习怎样上厕所的 400 万个孩子”。但是，公司推出这款产品的真正目的，是延长学步儿童使用纸尿裤的时间，保证这些孩子长到 2 岁、3 岁甚至 4 岁后都不会离开纸尿裤市场。

成长裤其实就是一种很像内裤的纸尿裤：带有弹性的侧边，可以方便孩子自己提上或拉下；外层是布料，设计得很像大一点的孩子穿的内裤，不仅看起来像，穿起来也像。成长裤的广告语是“我已经长大了”，而且推销活动也刻意营造出一种与纸尿裤的心理差距（只有小宝宝才穿纸尿裤）。

成长裤推出之后取得了巨大成功，主要表现在以下几个方面。第一，不仅成长裤的利润（以单件产品为基准）远远超过公司的传统纸尿裤（竞争压力迫使传统纸尿裤价格降低也是其中一个原因），孩子们消费纸尿裤的总体数量也大大增加。一位零售业分析师认为，在有些情况下，金佰利使纸尿裤的使用时间延长了 3 倍。

第二，在接近 10 年的时间里，金佰利是成长裤这个产品子类内的唯一商家，因此获益颇多。在成长裤推出两年后的 1991 年，金佰利的成长裤年销售额已逼近 5 亿美元，这就引来了《品牌周刊》(*Brandweek*）的这条评论："很少看到辛辛那提的宝洁公司（金佰利在纸尿裤行业的主要竞争对手）会手足无措，但在成长裤行业里，这种事情确实发生了。"事实上，直到 2002 年，宝洁才推出了一种可以与金佰利成长裤抗衡的产品（拉拉裤）。直到如今，在这个行业里，宝洁的市场份额仍然落后于金佰利。

太阳马戏团

节目《骄阳喝彩》(*Le Cirque Reinvente*）使太阳马戏团成为娱乐界镁光灯的焦点。这个节目的名字起得很恰当，是一种刻意的重新定义，从而表达了希望重新创造、重新改造、重新概念化马戏团的本意。在太阳马戏团，满是花生壳的地板没有了，浑浊的空气不见了，动物们在 3 个圆圈里跳来跳去的情景也不见了。事实上，所有低俗的表演都消失了。《华盛顿邮报》(*Washington Post*）的一位评论员这样评论太阳马戏团："如果说巴纳姆贝利马戏团是马戏团界的凯马特零售公司，那太阳马戏团就是名牌精品。"

当然，太阳马戏团不可能在一夜之间成为"名牌精品"。太阳马戏团的作曲家之一勒内· 杜普瑞（Rene Dupere）说："人们可能会以为，我们想改造马戏团，并且改造成功了。事实并不是这样的。我们就是一帮想要有所作为的疯子，一步步构思出现代马戏团。"

太阳马戏团的创始人盖·拉里贝特（Guy Laliberte）从众多艺术形式中撷取灵感，来构思“马戏团”这个概念。事实上，太阳马戏团早期的表演巧妙地融合了舞蹈、戏剧、音乐和体操等各种艺术形式，给观众留下了非常深刻的印象。《芝加哥太阳时报》（*Chicago Sun-Times*）评论说，这些表演“就像费里尼的电影一样充满天马行空般的想象，演员服装则与著名时装设计师克里斯汀·拉克鲁瓦（Christian Lacroix）的时装秀一样怪诞而色彩斑斓”。它早期最受瞩目的一场表演是在 1987 年的洛杉矶艺术节上演的一场杂技秀。这场表演的设计就是为了传达这种理念：马戏团表演也可以“具有较高的艺术价值，能够引起人们严肃的思考”。

如今，太阳马戏团在五大洲不断巡回演出，每年的收入超过 5 亿美元。从 1987 年开始，它为全世界的人们表演了 20 多场杂技秀，国际知名度持续上升。

斯沃琪

说实话，商界的天才并不多。但在我心里，缔造斯沃琪腕表的梦想家尼古拉斯·海耶克算得上是一位。因为斯沃琪腕表已经面世几十年了，人们很容易忘记它刚面世时的形象有多激进。在斯沃琪腕表出现之前，瑞士腕表是一种很严肃的贵重产品，通常只在高档珠宝店里销售，有的家庭甚至把它们当作传家之宝。相比之下，斯沃琪被定义为一种纯粹的时尚配件，代表着轻浮、随性、冲动和时尚。而把这种腕表构想推向市场的人正是海耶克。

在推出斯沃琪之前，为了测试消费者对这款打破行业惯例的产品的反应，公司在美国的商店里试着销售几种最早的斯沃琪手表，但销售结果并不理想。海耶克对这个结果未加理睬，决定按计划推出斯沃琪手表。其实，在此之前，海耶克就听到过很多否定的声音，这些人嘲笑这款产品缺乏外部验证程序，但他们并没有影响到海耶克。正如海耶克自己说的："在瑞士或美国这样的国家，如果你能够像童年和青年时期一样充满幻想和想象力，就能生产出占有大量市场份额的产品……人们可能会笑话我——一个瑞士巨头公司的首席执行官居然在谈论幻想。但是，在欧洲，有太多大型机构——比如企业、政府部门和协会组织——都像监狱一样僵化。它们就像冰冷的钢铁水泥，遵守着严格的规则。我们嘲笑新的创意，甚至未加思考就拒绝它们，直接把它们扼杀在摇篮里。"

话虽如此，其实在实现海耶克所说的"幻想"时，需要遵守大量的经营规则。在这里，公司其实不需要创新，而只是大量借鉴时尚界的传统，给消费者一些心理暗示，从而强化斯沃琪品牌超越行业的产品定位。例如，斯沃琪对产品线的管理是与行业内其他公司的管理完全不同的：公司会随着季节的变化推出新的斯沃琪款式；每年会推出两个系列，而且两个系列都与上一年的完全不同；没有重复款式，都是限量版，也就是说，产品在过时之前就会被新产品替代。另外，产品的款式也很多：在任何时候，消费者都能在至少包括 70 种款式的一个系列中挑选。如此众多的款式更是强化了斯沃琪的这种品牌理念：一种可随着人们的服饰、心情或品位的变化而调整的配饰。虽然，这种产品策略在当时的手表行业里是前所未闻的，但在当时的时尚界却很普遍。时尚行业的经营者们一直都在努力迎合消费者不断变化的品位。

我们也可以从斯沃琪的其他营销策略中学到很多知识——它的定价策略和产品设计等。如需更多详细资料，请参阅哈佛大学商学院案例 504—096 之"斯沃琪的诞生"（*The Birth of the Swatch*）。

阿列西

阿列西（Alessi）是意大利的一个家族企业。在过去的30年里，这家企业一直致力对普通家用物品的重新塑造。在阿列西的努力下，大量普通厨具和桌椅都变成了既时髦又养眼的艺术品。

20世纪80年代，公司开始生产由迈克尔·格拉芙（Michael Graves）和亚历山德罗·门迪尼（Alessandro Mendini）等一批严肃艺术家和建筑学家设计的设计师茶壶和开瓶器。在此之前，人们从来没有见过这样的茶壶和开瓶器。如今，很多家用产品生产厂家都会用令人吃惊的方式把艺术与产品功能结合起来。只要走进塔吉特百货公司，你几乎能在所有货架上发现将实用性与艺术性结合在一起的产品。虽然如此，我们仍应向阿列西致敬。就像斯沃琪引领了如今我们已经习以为常的手表配饰风尚一样，阿列西也是率先认识到像茶壶这样的普通物品也有对抗整个产品类别的潜能。

多年来，阿尔伯特·阿列西（Alberto Alessi）一直是阿列西品牌背后的创造力之源。虽然他是阿列西创始人的长孙，与自己的兄弟和其他家族成员一起经营这家企业，实际上他才是这家企业产品线的最终决策者。他这样描述自己的责任："我的角色很像画廊主管、博物馆馆长或是电影制片人。我的工作就是建立一套产品目录，一套包含很多有趣对比的五花八门的目录。"

几年前，我与阿列西兄弟进行了一次面谈。我问阿尔伯特，公司在制订产品策略时，是否会参考市场调研。他回答说：

"不会。对于我们公司而言，这样做很不合适。为什么呢？

你想一想汽车厂商就知道了。如果一家汽车制造商要推出一款新车型，他要怎么做？他会去做市场调研，然后问消费者：'你觉得未来的汽车是什么样的？'可怜的消费者只能看看现在的汽车，然后回答说，'我喜欢这辆车的这个部位，不喜欢那个部位。'然后，汽车制造商就会综合、整理这些资料，做出一份完全没有创意的产品简报。这样做的结果就是，所有的新车型都很相似。如此一来，所有产品都会变得毫无个性，没有任何特色。我对消费者的想法真的不感兴趣。我感兴趣的事情是，要生产出那些创意卓越的设计师设计出的产品。如果我能把自己的工作做好，就能在消费者还不确定自己需要什么之前，把消费者需要的产品生产出来。"

如需完整的案例研究，请参阅哈佛大学商学院案例 504—018、504—019、504—020、504—022 之《阿列西：一家意大利设计工厂的发展之路（A、B、C、D）》（*Alessi: Evolution of an Italian Design Factory*（*A, B, C, D*）。

迷你库珀

迷你库珀的广告推广是由迈阿密的 CP+B 广告公司运作的。我在"敌意品牌"一章提到过，这一系列广告是有风险的，风险之一就是它拒绝承认这个事实：汽车本身的大小对汽车运输很重要。CP+B 的创意总监亚历克斯·博古斯基（Alex Bogusky）也这样告诉过《广告周刊》："有一段时间我们也很担心。"尽管所有的市场研究结果都显示，美国人当时非常钟爱越野车，但广告公司还是顶住压力，按照自己的反逻辑营销法推广迷你库珀。他们的广告语除了“对抗越野车，从这里开始”之外，还有“迷失的巨无霸”和“很快，小就代表着大，坏就代表着好”等。

果然，这些广告最终成功地吸引了一部分有着“迷你思维”的消费者。公司的内部市场调查显示，购买迷你库珀的消费者通常都是特立独行的人，都是自认为对创新有着强烈兴趣和追求的人。对于迷你库珀的魅力，一位业内分析师这样比喻：“人们对缅因州有什么看法呢？很多人不喜欢这个州，但是喜欢这个州的人会爱上它。”另外，在仅仅一年的时间里，这种非常规的营销方法把迷你库珀的知名度从 2% 提到了 60%。

红牛

红牛的创始人迪克·梅特舒兹有句名言：“红牛不是一种饮料，而是一种生活方式。”他知道，对于饮料这种极容易商业化的产品，产品形象的重要性占 90%。所以，他总是积极强化品牌的神秘性。他说过：“如果哪位年迈的高中教师没有告诉过学生们，红牛是有害的，可能还是毒品，它就不会变得这么有吸引力。”

我在“敌意品牌”这一章中提到过，红牛这个案例值得学习的地方是：对于标准营销书籍不提倡做的所有事情，红牛的管理层都做了，这个品牌的成功之处正在于此。顺便提一句，并不是只有我一个人注意到了这一点。红牛在饮料行业里突然冒出来，然后独创出一种新的产品子类（可以说，没有红牛，就没有能量饮料这个类别）。关于红牛和它独特的营销方案的文章有很多。《纽约时报》的专栏作家罗伯·沃克（Rob Walker）在《红牛的市场营销》（*The Marketing of Red Bull*）一文中写道：“通常情况下，品牌推广者都非常清楚产品的功能和目标群体，但红牛却恰好相反。公司和公司的唯一产品都处于一种模糊甚至是逃避公众的状态，而且这种状态是公司刻意营造的……你可以说，喜欢喝红牛的人们的共同点是，他们很偏爱红牛饮料带给他们的前卫感和危险感。但这究竟代表着什么含义？显然，你只要尝试明确阐述这种含义，就会破坏红牛带给你的感觉。”

在文章接下来的内容中，沃克写下了他对几名大学生的采访内容，他在采访中询问这些学生对红牛的感受。其中一位学生是杜兰大学的学生宿舍助理凯蒂·皮克特。她告诉沃克：“红牛是一种时尚饮料。参加女生联谊会的时髦女生买万宝路香烟的同时，也会买红牛，她们好像在说，‘你看，花 3 美元买一罐这种滑稽的饮料，我买得起’。”

勃肯鞋

一提到“勃肯”这两个字，人们很容易就会想到质朴、坚持和鲜明的品牌定位等含义，很少有哪个产品品牌能做到这样。勃肯鞋一般都毫无美感，但却非常实用，包括凉鞋、木底鞋和一般鞋子。勃肯就像一个固执的波西米亚人，一直为自己嚼燕麦片的反时尚精神感到自豪。勃肯的网站上有这样一段话：

> 软木、皮革、一两个鞋扣，勃肯崇尚简单，200 多年来，给您带来了舒适无比的享受。1774 年，勃肯鞋在德国开始制造生产（同时只在设计上做了微调）。我们不欺诈，不欺骗，也没有花哨的噱头。穿上勃肯鞋，您会觉得特别合脚。您的愉快就是

我们的愉快，这就是我们的承诺。

20 世纪 60 年代，玛格特·弗雷泽（Margot Fraser）在德国度假时偶然发现了勃肯鞋，然后穿着它回到美国，从此勃肯鞋进入美国市场。玛格特·弗雷泽刚开始进口这种鞋的时候，很多鞋子零售商都在嘲笑这种又“丑”又“普通”的鞋子。最后，勃肯鞋只能在伯克利市的健康食品店等地开始销售。

当然，如今到处都能看到勃肯鞋。尽管公司在这么多年里不断尝试与不同的人合作设计鞋子，比如，著名的建筑设计师伊夫·贝哈尔（Yves Behar）和超级模特海蒂·克卢姆（Heidi Klum），但它一直坚持销售最畅销的两款经典鞋：亚利桑那式凉鞋和波士顿包头凉鞋。不过，这两款鞋子永远都不会成为选美比赛的冠军。专门撰写鞋业博文的博主马洛诺（Manolo，英国的《时尚》杂志曾称他为“博客界的时尚之王”）在他撰写的《恐怖画廊》（*Gallery of Horrors*）中感叹：

> 博肯鞋恐怕是有史以来最丑、最土的鞋子，好像是那些生活在中古世纪的双目失明的修道士们专门为那些整天与泥巴为伍的农民设计的。

马麦酱

有人说马麦酱的味道“很像废汽油”，有的人则说它是“琼浆玉露”，对马麦酱的评价完全取决于你所问的人。马麦酱的品牌发言人奥列弗·布拉德利（Oliver Bradley）曾经说过：“我们知道，在一百多年里，很多人都很讨厌马麦酱……但我们的品牌与其他品牌不一样，我们有足够的信心厚着脸皮说，‘我们知道这个事实，但我们不在乎’。”事实上，在过去的 13 年里，马麦酱的广告标题一直都是“要么爱我，要么恨我”。

马麦酱已经有 100 多年的历史。很多英国人关于厨房的最早回忆就是涂抹了马麦酱的奶油吐司。第二次世界大战期间，马麦酱是英国军队的主要食物，虽然在那时候，马麦酱总公司也承认“士兵们吃马麦酱的可能性，就好比他们为了防止传染病，把马麦酱涂在他们的私处一样”。

无须亲身体验就能了解很多品牌的最好办法就是上网。在网上，人们对马麦酱的极端态度甚至比他们对其他敌意品牌的态度还要厉害。在马麦酱的 Facebook 上，有 20 多万粉丝表示了他们对马麦酱的痴迷和热爱。但同时也有好几百个群组说，马麦酱让人感觉很恶心。有人这么评论：“我宁可用一把生锈的叉子挑出我的脾脏喂给一只穿小丑服的企鹅吃，也不愿意吃马麦酱。”也有人这么写：“这是有史以来，人类最恶心的发明。”还有人写道：“马麦酱是耳屎、狐狸的粪便和流浪汉的眼泪做成的。”

据估计，英国人在度假期间能消费 800 多万罐的马麦酱，而且每 4 间厨房里就会储存一罐马麦酱。

洗澡猿猴

洗澡猿猴（即安逸猿）的创始人是 Nigo，他的本名是长尾智明（Tomoaki Nagao）。他是一位音乐制作人兼 DJ（Disc Jockey，舞厅司仪），“Nigo”是他的昵称，日语中的意思是“二世”。根据相关报告，他是日本最富有的时尚设计师，但他的不可捉摸和特立独行也出了名。

安逸猿虽然是一个日本品牌，但它至少已经通过当红娱乐明星间接地渗透进了美国的前卫精神中。法瑞尔·威廉姆斯（Pharrell Williams）、杰

伊 · Z（Jay Z）、里尔 · 韦恩（Lil Wayne）和杨 · 吉兹（Young Jeezy）等著名的嘻哈人士都穿这个品牌的衣服。不过，在美国是很难买到安逸猿的。如果你想买安逸猿的服装，我得警告你，在美国，安逸猿的仿品很多（人们把这些仿品叫作“FAPEs”）。这当然是因为在美国很难买到真品安逸猿，而且真品安逸猿的价格也太高。

霍利斯特

霍利斯特是阿贝克隆比 & 费奇的姊妹产品，但它成立较晚，而且价格也相对便宜。它的目标人群表面上看是高中生（一些初中生也会购买这种品牌的产品），但其实范围很狭窄，就是那些时尚、瘦弱和长得漂亮的孩子。阿贝克隆比 & 费奇的首席执行官这样告诉《沙龙》杂志：

> 坦白说，我们的目标人群是那些时尚、帅气、漂亮自信且朋友很多的典型美国孩子。很多人并不适合穿我们的衣服，而且也不能穿我们的衣服。我们很排外吗？确实是。那些会出问题的公司总是在努力满足所有人：年轻的、年老的、胖的、瘦的。这样一来，它们就会变得越来越普通。这样做，你确实不会疏远他们，但同时也不会让他们兴奋。

鉴于这种情况，所有与霍利斯特店的购物体验有关的事物都经过刻意设计，甚至可以区分出敌我两种力量。这种情况在进入店面时首先体现出来。商店的位置相当隐蔽，隐藏在一个宛如加利福尼亚式海滩小屋的人工建筑后面，这样一来，顾客就无法通过橱窗看到店内的产品。进入店内，灯光昏暗，天花板极低，音乐（融合了朋克、情绪摇滚、独立摇滚和流行音乐）震耳欲聋。亚利桑那州的一位记者暗中对商店的声音分贝做了测试，竟然达到了 90 分贝，这是店员 8 个小时内能够忍受的最大音量。难怪很多父母讨厌这个地方。

霍利斯特里的店员都叫“模特”。里面的女店员尤其年轻漂亮，而且都很苗条。有人起诉霍利斯特，说它在雇用店员时，歧视少数族裔。还有人起诉它，说它逼迫店员遵守不合理的穿衣规定（两个案件最终都得到了解决，但同时也引起了外界的高度注意）。霍利斯特的广告充满性感色彩，对尺寸的设计也刻意排除了那些长得不瘦的孩子。

付出了这么多的努力后，结果如何呢？2009 年，霍利斯特已经拥有超过 500 家的连锁企业，而且年收入达到了 15 亿美元。

贝纳通

在贝纳通官网上，你能看到公司成立以来的一系列令人震惊的经典广告案例，还能看到所有颇具争议的画面，以及公司对其推广方式和品牌理念的说明。

在对学生们进行概念性训练时，我发现这个案例很有价值，因为它逼迫学生们在思考广告是什么的同时，还要思考广告可以做什么，甚至是应该做成什么样的。相比之下，对后两者的思考其实更为重要。在讨论贝纳通这个案例时，我总要在大屏幕上给学生展示一些业内人士的评论，就像下文所列出的这些：

> 广告应该传播快乐……这两个人（托斯卡尼和贝纳通）明白，整个社会都在随波逐流，他们没有迎难而上，而是选择了

一条比较容易走的道路：他们没有丢给人们救生圈，而是把人们的头按到水面下，让其深切地感受到性、艾滋病和所有的肮脏污秽。

——雅克·赛吉拉（Jacques Seguela），供职于灵智整合行销传播集团（EuroRSCG）

贝纳通的“广告”与它的产品毫无关系……你可以把庸俗下流的粗话放在广告标题里，这当然会引起人们的注意，但这并不代表人们会喜欢。

——赛德·维德勒（Ced Vidler），供职于灵狮环球广告公司（Lintas Worldwide）

贝纳通再次揭示了成功广告的一个秘诀……建立品牌的独特“文化”……往往比纯粹的销售效益更加重要。

——詹姆斯·劳瑟（James Lowther），供职于盛世长城广告公司（Saatchi & Saatchi）

同时，我会把贝纳通和托斯卡尼对这些评论的回应展示给大家：

广告人给社会造成了很大的危害……他们会利用虚假形象和不真实的梦想来销售产品。在如今这个社会，如果一个女孩子长得不像明星伊莎贝拉·罗塞里尼（Isabella Rossellini）那么漂亮，她就什么也不是……

广告是这个世界上最昂贵但却最有力的沟通方式……所有广告公司都该被淘汰……他们制造了一种虚假的现实，还想让人们都相信这个现实。但我们不一样，我们把真实的现实世界摆在了人们面前，但却因此受到指责。

因为目前关于贝纳通的精彩案例研究已经有很多，所以我就没做贝纳通的案例研究。上文列出的贝纳通和托斯卡尼的回应出自欧洲工商管理学院的克里斯琴·宾森（Christian Pinson）和维卡斯·缇布瓦拉（Vikas Tibrewala）所撰写的贝纳通案例研究。

苹果公司

关于苹果公司的文章实在是数不胜数，如再赘言就会显得多余。这些年来，力图描述苹果反叛精神的文章有几百篇之多，我只从中选取一篇来说明问题。这篇文章有一个很不错的标题，叫作《苹果如何在做错一切的过程中做对一切》（*How Apple Got Everything Right by Doing Everything Wrong*），2008 年发表在《连线》（*Wired*）杂志上。我认为，这个标题很精确地把握了苹果公司的企业精神。文章的侧栏里列出了 5 条硅谷核心法则，同时也是苹果公司很自然地违背了的法则。下文是我从这篇文章中摘录的苹果公司公然违背的两条法则：

> **硅谷法则**：沟通。告诉你的粉丝们你下一步要做什么，从而建立起粉丝和企业的联系。在招聘人才方面有困难？有新的策略了？你的消化系统有问题？公布在你的博客上！这样，顾客对你的品牌就会更忠诚，投入也会更多。另外，他们的评论也能帮你想出一些好的创意。
>
> **苹果法则**：不与媒体沟通。关闭所有可能散布消息的博客；对于那些给苹果写信告诉自己想法的小朋友，威胁他们说苹果会起诉他们；在推出产品之前，不能泄露关于这款产品的任何

信息。在推出每款产品时，利用这条法则引起争论，让每条公告都得到人们的关注。

硅谷法则：热爱你的顾客。不要对客户吝惜你的感情，努力让每位顾客在购买产品时都感觉愉快。他们其中的任何一个人都可能在最大的点评网站 Yelp 或亚马逊网站上写出一些毁灭性的评论，所以要妥善处理好顾客的所有投诉。

苹果法则：取悦自己，不要取悦你的粉丝。推出没有安装软盘驱动器的 iMac 台式电脑；推出不带光驱的超薄型 MacBook Air 笔记本；在 iPhone 发布刚刚 2 个月后就降价 200 美元，如果在此之前购买 iPhone 的用户抱怨，就送给他们价值 100 美元的礼品券。

哈雷 · 戴维森

20 世纪五六十年代，各个摩托车俱乐部里充斥着各种反叛者，他们穿着皮衣和牛仔裤，过着亡命徒式的生活。亨特 · S. 汤普森（Hunters Thompson）在其著作《地狱天使：机车亡命帮的惊异冒险》（*Hell's Angels: A Strange and Terrible Saga of the Outlaw Motorcycle Gangs*，1966 年出版）中描写了当时臭名昭著的摩托车俱乐部文化。把这些俱乐部会员紧紧联系在一起的是他们共有的反叛精神，就像汤普森说的“一种未经大脑思考的忠诚”。他们极其不愿意被“死板的速度极限、不清晰的路标和奇怪的交通规则”限制，所以他们会自己制订行车路线。在途中，他们不可避免地会与警察起冲突，会被拘留，或者和其他摩托车俱乐部会员大打出手。而这些亡命徒又刚好选择哈雷作为他们的坐骑。

如今，全球最大的摩托车俱乐部不再是会员自发组织的，而是由哈雷公司组织的。只要购买一辆哈雷摩托，就能获得一年免费加入哈雷车主俱乐部的资格，会员可以享受的权利包括参加公司组织的聚会和活动，登录会员专属网站等。最近，哈雷公司组织了一次纪念性活动，起点散布在全美 105 个不同的地方，共涉及 25 条不同的路线，终点是密尔沃基市。公司最近一次的周年纪念活动是在其发源地——一个小镇上举办的，公司毫不费力就卖出了 12.5 万张票。对于想自己组织越野驾驶的车主们，公司会通过网站和会员手册提供路程指南、行程规划、实用小诀窍和相关建议。即使是那些公司没有公开赞助的活动（例如，斯特吉斯摩托车拉力赛和代托纳摩托周），哈雷也绝不缺席。据统计，在代托纳摩托周中，90% 都是哈雷摩托车。

一句话，哈雷一直在不遗余力地强化车主的归属感，为他们提供交流和结交朋友的平台，并支持他们神话般的生活方式。

推崇真实美丽的多芬

关于多芬的“真实的美丽”系列广告，我的同事——哈佛大学商学院资深教授约翰·戴腾（John Deighton）——曾撰写过一篇颇为精彩的案例研究。他的研究显示，这些引起广泛争议的广告也曾让公司内部人员感到非常焦虑。曾经参与这一系列广告的一位管理人员也提到了他的担心：“当你谈论真实的美丽的时候，会不会同时也失去了对顾客的‘激励’？顾客们真的会受到鼓舞，购买一款不能保证会增加她们魅力的产品吗？揭穿美丽神话真相的同时，也有可能会失去让消费者多花钱购买产品的所有理由，这样就等于将自己定位成一种普通品牌。”

确实，这一系列广告推出之后引来了很多尖锐的批评。《芝加哥太阳时报》的评论员理查德·罗帕（Richard Roeper）的评论就非常尖刻，他说："一帮穿着内衣的胖女人包围了我的房间……这些广告真是破坏我的心情。如果我要看一帮很暴露的肥胖女性，就直接去芝加哥美食节得了，饶了我吧！"（多有个性的一个人……）即使是现在，在博客、论坛和YouTube 等类似媒介上，人们对这些广告的争论还在继续。

但与此同时，多芬却收获了一段健康发展的时期，并焕发出勃勃生机。就我个人而言，我很欣赏那些不惧怕引起争议的品牌，或是把人们引入争论中的品牌。

如需完整的案例研究，请参阅哈佛大学商学院案例 508—047 之《多芬：一个品牌的演化》(*Dove: Evolution of a Brand*)，这篇案例研究的作者是约翰·戴腾。

致谢

首先，我要感谢我的文稿代理人雷夫·萨加林，正是他帮助我顺利完成了本书的出版，同时也带领我走进了图书出版行业。他经验丰富，做事认真，而且直率勇敢。除了我的丈夫和最好的朋友之外，他是第一个看到本书草稿的人。看到草稿之后，他就一直鼓励我，给我提了很多意见，我非常感激他。

其次，我要感谢本书的编辑，皇冠出版集团（Crown）的约翰·马哈尼。他在本书上投入了相当多的精力和心血，而且耐心地一一解答我的每一个疑问。另外，他还拥有丰富的图书出版经验。作为一名初涉写作的新手，我很庆幸能够得到他的指导。然后，我要感谢林恩·卡拉瑟斯，本书中的所有插图都是她画的，她是一位天才艺术家。我总觉得，认识她就是上天注定的缘分，所以我请她参与这个项目。我还要感谢我的研究助理詹纳·伯恩哈德森。我欣赏她的一点是，她虽然具备了A型行为人所具有的所有性格特征（对细节非常痴迷，是工作狂等），但同时也懂得休闲，而且很好相处。她大学毕业之后就直接做了我的助理。可以说，这位才华横溢的年轻女士是前途无量的。在过去的 7 年里，斯科特·穆尔一直是我的行政助理，他是最好的（再也想不出其他形容词了）助理。不过，他也是我遇到的对着装要求最高的人。身边有这样一位对着装要求比我还高的助理，感觉是会有点奇怪，不过我早就习惯了。

在这里，我要特别感谢我的学生们。没有他们，这本书肯定无法出版。关于本书中提到的许多观点，我会首先讲给他们听。因为我知道，他们会重新考证这些观点，让它们变得更为完善。这些年来，他们已经把教室变成一个很棒的研究实验室，我由衷地对他们表示感谢。

下面提到的这些人虽然没有直接参与本书的出版工作，但我仍要感谢他们这些年来对我的帮助。戴维·贝尔和约翰·戴腾是我的同事，他们都在哈佛商学院就职，是最早鼓励我做这项研究，最早对我的工作表示信任的人。我还要感谢另外一位同事弗朗西斯·弗雷，从我开始撰写本书的第一天，她就开始支持我。简单地说，她是这样的一个人：无论在什么环境中，无论周围的情况有多么复杂，她都会坚持真理，不带一点主观因素。生活在一种处处受到诸多因素约束的环境中，一个女人居然能够如此率真，这就是一种正直的表现，非常可贵。

在个人方面，我要感谢我的三位姐妹：雷切尔、汉纳和桑尼塔。她们分别继承了我们家族的一些性格特征。雷切尔通情达理，汉纳很讨人喜欢，桑尼塔则很有个性，颇有风度（谢天谢地）。像其他兄弟姐妹之间一样，我们四个性格迥异。但是因为我们姐妹之间的关系非常好，在我生命中的每一个转折期，她们都陪伴着我。我感谢长期以来她们带给我的亲情和支持。

我还要感谢我最好的朋友盖尔。我知道，在任何年龄阶段，同性之间的友谊都是非常可贵的。但对于我来说，我和盖尔在中年时期的友谊更加弥足珍贵。毕竟，处于这段时期的人们很容易忙乱不安。你要抚养孩子，还要发展自己的事业，所有事情好像都赶在了一起：在面临成就的同时，也会面临失败；会面对分离，也会面对失去。在我们认识的近十几年里，我和她一起经历了生命中的起起落落，互相支持对方。我的丈夫说，我和她好像常常会一起陷入麻烦中。正因为如此，她对于我来说，不仅是一位朋友，还是我的同谋，而且是最好的同谋。她和我丈夫一样，一字一句地认真阅读了本书的草稿。她不仅是我的援军，更重要的是，在她的努力下，本书的语言不至太过琐碎，有太多个人的东西，从而也就可以确保本书适合更多的读者，而不是只有她和我丈夫两个读者。

最后，我还要感谢我的丈夫和两个孩子，本书正是为他们而写。我的大儿子杰伦的成熟度与他的实际年龄颇不相符。如果你看着他，直直地盯着他，你就会发现，在这个孩子的身体里藏着一名仁慈而充满智慧的成年男子。我的小儿子泰罗行动敏捷，精神又极自由。无论是现在还是将来，他都是一个我管不住的小彼得·潘。这两个男孩儿影响着我对这个世界的观察方式，我深深体验着这种改变。本书的每一页、每一句话都有他们的身影，都包含着他们带给我的温暖、智慧和快乐。时至今日，他们的一点一滴已经渗透进了我的思想、工作、创作和教学中。我解释不了这其中的原因，但我知道自己很清楚这一点。

对于我的丈夫，我发现我们之间最珍贵的就是“简单”二字。我们会开怀大笑，互相倾听对方。同时，我们也忠实于对方，深爱着对方。我发现，如果生活中充满这样的“简单”，你就能变得非常专注。这正是我的丈夫罗伯特为我做的，他让我变得非常专注。说实话，在刚开始撰写本书的时候，我觉得写书是一件令人紧张不安的事。但我知道，他肯定是第一个阅读这本书的人……我不断地告诉自己，我只是在跟他讲话而已，才重新拾起了信心。有了与他的交流，我才有了写下去的动力。他第一次见到我父亲时，曾许下过很多诺言，现在这些诺言都实现了。本书中的所有内容都真实可信，这其中私人层面的功劳都归功于他，我希望他知道这点。